本书为

浙江省社科规划应用对策类部门合作专项课题"浙江省公共场馆科普化实现路径研究（HCZX-23747）"、浙江树人学院学校科研计划项目"面向中小企业的知识产权公共服务研究（2021R026）"的研究成果。

本书系

浙江树人学院学术专著系列，获浙江树人学院专著出版基金、浙江省"十三五"优势专业和浙江省一流本科专业（浙江树人学院市场营销专业）、浙江树人学院公共管理学科的资助出版。

RESEARCH ON
PUBLIC SERVICE OF INTELLECTUAL PROPERTY
FOR MEDIUM-SMALL ENTERPRISES

面向中小企业的
知识产权公共服务研究

李燕燕◎著

ZHEJIANG UNIVERSITY PRESS
浙江大学出版社
·杭州·

图书在版编目(CIP)数据

面向中小企业的知识产权公共服务研究 / 李燕燕
著. --杭州:浙江大学出版社,2024.6
ISBN 978-7-308-25024-5

Ⅰ.①面… Ⅱ.①李… Ⅲ.①中小企业－知识产权－
公共服务－研究－中国 ①F279.243

中国国家版本馆 CIP 数据核字(2024)第 101929 号

面向中小企业的知识产权公共服务研究
MIANXIANG ZHONGXIAO QIYE DE ZHISHI CHANQUAN
GONGGONG FUWU YANJIU

李燕燕 著

策划编辑	吴伟伟
责任编辑	丁沛岚
责任校对	陈 翩
封面设计	雷建军
出版发行	浙江大学出版社
	(杭州市天目山路 148 号 邮政编码 310007)
	(网址:http://www.zjupress.com)
排 版	浙江大千时代文化传媒有限公司
印 刷	杭州宏雅印刷有限公司
开 本	710mm×1000mm 1/16
印 张	11
字 数	160 千
版 印 次	2024 年 6 月第 1 版 2024 年 6 月第 1 次印刷
书 号	ISBN 978-7-308-25024-5
定 价	68.00 元

前　言

创新是引领发展的第一动力,而保护知识产权就是保护创新。党的十八大以来,以习近平同志为核心的党中央把创新摆在国家发展全局的核心位置,围绕实施创新驱动发展战略、加快推进以科技创新为核心的全面创新,大力开展知识产权综合管理改革试点,紧扣创新发展需求,发挥专利、商标、版权等知识产权的引领作用,探索建立高效的知识产权综合管理体制,着力构建便民利民的知识产权公共服务体系,知识产权对创新发展的引领和促进作用日益显著。

中小企业是国民经济的重要组成部分,在繁荣经济、增加就业、推动创新、催生产业等方面,发挥了不可替代的重要作用,对国民经济和社会发展具有重要的战略意义。但是,我国中小企业的总体发展水平还不够高,抗风险能力还不够强,一些企业长期以来过度依靠低价竞争,缺乏技术与品牌优势,尤其是在国内资源环境约束加大、新冠疫情和国际金融危机冲击不断的多重影响下,中小企业发展问题日益凸显,部分企业甚至出现生存危机。提升中小企业创造、运用、保护和管理知识产权的能力,走创新发展之路,是引导中小企业实现战略转型的重要途径。

本书以知识产权公共服务为研究对象,综合运用文献分析法、问卷分析法和实证研究法等,对知识产权公共服务在中小企业创新场景中的采纳与满意度展开研究,包括:服务应用前,制约知识产权公共服务采纳的因素有哪些?这些因素是如何影响采纳决策的?服务应用后,对知识产权公共服务的满意度如何评价?影响知识产权公共服务满意度的因素有哪些?通过对以上问题的探讨,阐释知识产权公共服务采纳、满意度的影响机制,并以此为路径指导,提出优化面向中小企业的知识产权公共服务供给的对策与建议。

本书内容包含以下七章：

第一章，绪论。本章主要交代了选题背景，提出了研究问题，揭示了研究意义，界定了相关概念，介绍了研究方法、研究内容及技术路线，指明了研究的主要创新点。

第二章，文献综述与理论基础。本章厘清了全书的理论建构基础，从知识产权公共服务、感知风险、企业创新采纳及公共服务满意度等方面对相关文献进行了系统整理与归纳，在分析与评述已有研究的基础上提出了本书的研究切入点。

第三章，中小企业知识产权公共服务供给与需求分析。本章分别从供应侧与需求侧出发，对我国知识产权公共服务供给的发展演进与政策、中小企业的知识产权公共服务需求进行了考察。同时，打开视野，对域外先进的相关实践经验进行了分析提炼，为后续对采纳与满意度的具体分析、研究侧重指明了方向。

第四章，中小企业知识产权公共服务采纳实证分析。本章运用风险感知、创新采纳等理论观点，结合调研访谈，对中小企业知识产权公共服务风险的内涵进行了释义和解构，并以此建立制约中小企业知识产权公共服务采纳的影响模型，实证检验了中小企业知识产权公共服务采纳的影响因素及作用关系等微观机理。

第五章，中小企业知识产权公共服务满意度实证分析。本章以经典顾客满意度模型框架为基础，结合研究问题，构建中小企业知识产权公共服务满意度模型，对现阶段知识产权公共服务满意度情况、影响因素及影响机理进行了实证探究与测评。

第六章，中小企业知识产权公共服务检视与对策建议。本章根据质性与量化分析结果，并结合中小企业知识产权公共服务供需实际，对当前我国知识产权公共服务供给中存在的问题进行了检视，并提出了相应的对策与建议。

第七章，研究结论与研究展望。本章总结了全书主要的研究结论，对研究存在的局限与不足进行了分析和说明，并对有待继续探究的研究方向进行了展望。

　　基于上述研究发现,本书在以下方面可供参考借鉴。

　　第一,从新公共管理学视角出发,对知识产权公共服务采纳、满意度的影响因素及影响机理等进行微观刻画,加强了公共管理学与心理学的学科对话。

　　第二,检验了经典顾客满意度模型部分框架在知识产权公共服务领域的适用性,重申并验证了感知服务质量、感知服务价值在知识产权公共服务供给中的重要作用。

　　第三,遵循质性研究与量化研究相结合的混合研究方法范式,对既有知识产权公共服务领域相关研究内容做出有益补充,为优化中小企业知识产权公共服务提出针对性建议和决策参考。

目　录

第一章 绪 论

第一节 选题背景与研究意义

一、选题背景与问题的提出

党的十九大报告指出,我国经济逐渐向高质量发展转换。这是跨越关口的迫切要求,也是我国发展的战略目标。作为国民经济的重要组成部分,中小企业的高质量发展是我国全面实现产业结构调整与升级的关键。我国中小企业的传统发展模式具有劳动力成本低、环境污染程度大、技术水平低等特点,可持续性发展模式受到制约和挑战。随着我国经济的不断增长、人口红利的不断减少,以及高技术含量产品引进壁垒的不断提高,中小企业起初的低生产要素价格和成本优势逐渐减弱,高消耗的粗放式发展路径难以继续。在全球竞争中,我国的中小企业长期处于产业链低端,主要集中于制造、加工环节;加之受中美贸易战、全球疫情等不利因素的影响,我国中小企业的外贸市场前景不容乐观。

在复杂严峻的全球形势下,加强中小企业技术创新建设,提高中小企业技术创新水平和成功率,促使其健康成长,已经成为各国政府、中外学术界和企业界普遍关注的课题。一方面,在推进以创新引领实体经济转型升级的进程中,中小企业是体现创新的重要载体,是关乎国家经济和社会发展转型升级的重要力量。中小企业要创造新产品、新业态、新经济,就要牢牢把握知识产权这一战略资源,培育自我核心竞争力。另一方面,中小企业尤其是创新型公司,资产沉淀少,多为轻型运营,知识产权这类的无形资产占比较大。因此,如何建立和优化知识产权公共服务体系,开展好中小企业的知识产权服务,成为当下服务和促进中小企业创新发展的重要支撑。

知识产权已成为重要而稀缺的生产资源和财富资源,其对优化产业结构、升级生产要素有着重要影响,而这两方面恰恰是高质量发展的核心内容。一方面,知识产权能够推动产业结构优化。当前,我国中小企业多集中于劳动密集型产业,低效甚至无效供给、部分产业附加值低等问题日益凸显,产业结构优化成为必然。知识产权的创造和运用,能够引领产业转变方向,促进产业结构的优化和生产质量的提升;良好的知识产权环境有利于激发中小企业的创新活力,吸引民间资本来支持中小企业创新。另一方面,知识产权能够升级企业的生产要素。在资源环境约束日益趋紧的现实环境下,生产要素升级成为中小企业实现高质量发展的基础和必然选择。知识产权有别于传统的劳动力、土地、资本等生产要素,是对创新成果的产权化,拥有高级生产要素的特征。知识产权制度作为激励创新的基本保障和综合竞争力的核心要素,在引领经济高质量发展中发挥着日益重要的作用。自 2008 年《国家知识产权战略纲要》颁布以来,我国政府加强了知识产权保护制度的建设工作。特别是党的十八大以来,知识产权工作被提到前所未有的高度。习近平总书记提出的要"打通知识产权创造、运用、保护、管理、服务全链条",以及"构建便民利民的知识产权公共服务体系",[①]为知识产权公共服务的实施和行动提供了根本指导。知识产权公共服务作为"全链条"的重要一环,对知识产权创造、运用、保护、管理发挥着基础保障和信息支撑的关键作用。尤其是对创新基础薄弱的中小企业而言,知识产权公共服务的支撑作用更是必不可少。

就中小企业创新中的知识产权服务需求而言,一般可以通过公共服务和市场服务两方面供给得到满足。虽然我国知识产权服务业近年来发

---

① 《全面加强知识产权保护工作 激发创新活力推动构建新发展格局》,《人民日报》2020 年 12 月 2 日。

展迅速,但市场服务的能力还比较有限,优质资源不足,难以完全满足中小企业的知识产权服务需求,"市场失灵"现象普遍存在。同时,我国中小企业还处在创新转型期,强烈的自发知识产权服务需求还未完全显现,需要耐心挖掘和培育。而我国知识产权服务市场机构普遍实力较弱,缺乏对中小企业市场长期培育的实力和耐心。另外,许多中小企业的知识产权意识还比较薄弱,无法识别知识产权服务的功能价值与自身潜在知识产权服务需求。因此,如何唤醒、挖掘、培育中小企业这一重要主体的创新需求,让中小企业将知识产权服务作为一种创新资源进行有效运用和吸收,还需要政府与社会的积极引导。知识产权公共服务具备的创新基础支撑能力和强大且丰富的资源体系,以及公益性、官方性等优势,是弥补当下我国中小企业知识产权服务供给不足的有效途径。

区别于大型企业、科研机构等创新主体,中小企业具有自身独特的发展规律、经营特点及创新需求。从理论研究上看,现有知识产权公共服务的学术成果中,对中小企业需求的关注较少,为数不多聚焦中小企业的研究多为对某项公共服务的探讨,研究范围和深度有限;已有成果大多集中于对知识产权公共服务较为宏观层面的研究,定性研究居多,缺乏对中小企业知识产权公共服务运用的微观刻画,导致研究结论和对策建议的匹配性与指导性较弱。由此,本书聚焦中小企业知识产权公共服务运用中的采纳、满意度及其优化,拟从下述问题进行探索:

第一,服务运用前阶段,制约知识产权公共服务采纳的因素有哪些?这些因素是如何影响采纳的?

第二,服务运用后阶段,对知识产权公共服务满意度如何评价? 影响知识产权公共服务满意度的因素有哪些?

第三,如何通过研究来检视当前知识产权公共服务供给存在的问题与不足? 如何有的放矢地进行服务优化?

二、研究意义

鉴于知识产权对企业技术创新的重要作用,加强中小企业知识产权公共服务,提升中小企业知识产权公共服务供给能力,具有重要的理论和

现实意义,主要表现在以下几个方面:

第一,研究中小企业知识产权公共服务采纳情况,有助于把握中小企业知识产权公共服务运用中面临的各类问题及其个性化特征。在供给侧结构性改革背景下,通过对中小企业知识产权公共服务采纳情况的分析,探究中小企业在知识产权公共服务采纳中的切实感受、顾虑及主客观影响因素,为思考和解决我国知识产权服务发展、中小企业知识产权公共服务采纳中的一些个性化问题提供了数据与理论支撑,也为进一步创新和完善知识产权公共服务形成积淀。

第二,调查中小企业知识产权公共服务满意度情况,有助于面向中小企业知识产权公共服务供给情况进行精准化评价。通过专家访谈和问卷调查的方式,从中小企业的角度出发,了解中小企业对当前政府知识产权公共服务的总体感受,有效解决部分中小企业知识产权服务"政府失灵"问题,更好满足中小企业创新发展过程中被忽视的知识产权服务需求。

第三,提出中小企业知识产权公共服务对策建议,有助于政府更好地建设便民利民的知识产权公共服务体系。知识产权公共服务涉及知识产权的创造、运用、保护和管理等环节,服务对象既包括个人、中小企业、大企业,又包括高校和科研院所等不同创新主体。结合中小企业知识产权公共服务采纳情况和满意度情况分析,提出优化中小企业知识产权公共服务的针对性对策建议,为政府部门进行知识产权决策提供咨询参考。

第二节　相关概念界定

一、中小企业

中小企业又称中小型企业(small and medium enterprises)。关于中小企业的界定至今还未形成国际共识,在不同区域、国家以及经济发展阶段都有一定差异。中小企业的界定具有相对性和时空性,还受到所属行业特性的影响,是一个动态发展的概念。一是相对性,中小企业是相对大企业而言的,只有将具备可比性的企业在规模上进行划分,才会产生大型、中型、小型的区别。二是时空性,经济发展水平、业态会随着时间发展而改变,地区间差异更是巨大,所以界定中小企业的标准也会有所不同。三是受所属行业特性影响,不同行业的生产经营模式不同,企业规模差异比较大。

从整体上看,国际上存在定性和定量两类中小企业划分标准。定量界定就是选取能够反映企业经营水平的一些指标来进行量化区分,最常用的指标是营业收入、从业人员数量及资产总额三个指标。根据不同国家、地区经济水平的差异,一般选取其中两个指标作为量化对比的标准,具体划分标准也会因时间、行业等而有所不同。定性界定关注企业在行业内的特性和地位,主要参考市场份额、企业家独立决策权、经营自主性等指标。英国、欧盟等在划分企业时使用的即为此类界定方法。由于定性标准的量化性较差,受主观判断影响明显,因此大多数国家和地区都运用定量标准,如美国、日本。现阶段,我国在划分企业时主要采用定量标准,重点考察营业收入和从业人员数量这两个指标。

新中国成立以来,我国企业划分标准先后经历过七次修改和调整。最开始以固定资产为定量指标,后来考虑行业区别和新兴行业特点对考察指标进行了数次调整,形成了现行的较为科学和全面的划分标准。我国当前使用的标准是 2011 年由工业和信息化部联合多部委共同制定的《中小企业划型标准规定》,主要包括工业、建筑业、批发业、租赁和商业服务业以及其他等 16 个行业,参考指标则为营业收入、从业人员数量以及资产总额,详见表 1.1。本书所指的中小企业,就是符合这一标准规模的自然人和法人企业。

表 1.1　各行业划型标准

行业名称	指标名称	计量单位	大型	中型	小型	微型
农、林、牧、渔业	营业收入（Y）	万元	Y≥20000	500≤Y<20000	50≤Y<500	Y<50
工业*	从业人员数量（X）	人	X≥1000	300≤X<1000	20≤X<300	X<20
	营业收入（Y）	万元	Y≥40000	2000≤1<40000	300≤Y<2000	Y<300

续表

行业名称	指标名称	计量单位	大型	中型	小型	微型
建筑业	营业收入（Y）	万元	Y≥80000	6000≤Y<80000	300≤Y<6000	Y<300
	资产总额（Z）	万元	Z≥80000	5000≤Z<80000	300≤Z<5000	Z<300
批发业	从业人员数量（X）	人	X≥200	20≤X<200	5≤X<20	X<5
	营业收入（Y）	万元	Y≥40000	5000≤k<40000	1000≤Y<5000	Y<1000
零售业	从业人员数量（X）	人	X≥300	50≤X<300	10≤X<50	X<10
	营业收入（Y）	万元	Y≥20000	500≤Y<20000	100≤Y<500	Y<100
交通运输业*	从业人员数量（X）	人	X≥1000	300≤X<1000	20≤X<300	X<20
	营业收入（Y）	万元	Y≥30000	3000≤Y<30000	200≤Y<3000	Y<200
仓储业*	从业人员数量（X）	人	X≥200	100≤X<200	20≤X<100	X<20
	营业收入（Y）	万元	Y≥30000	1000≤Y<30000	100≤Y<1000	Y<100
邮政业	从业人员数量（X）	人	X≥1000	300≤X<1000	20≤X<300	X<20
	营业收入（Y）	万元	Y≥30000	2000≤Y<30000	100≤Y<2000	Y<100
住宿业	从业人员数量（X）	人	X≥300	100≤X<300	10≤X<100	X<10
	营业收入（Y）	万元	Y≥10000	2000≤Y<10000	100≤Y<2000	Y<100
餐饮业	从业人员数量（X）	人	X≥300	100≤X<300	10≤X<100	X<10
	营业收入（Y）	万元	Y≥10000	2000≤Y<10000	100≤Y<2000	Y<100
信息传输业*	从业人员数量（X）	人	X≥2000	100≤X<2000	10≤X<100	X<10
	营业收入（Y）	万元	Y≥100000	1000≤Y<	100≤Y<1000	Y<100
房地产开发经营	营业收入（Y）	万元	Y≥200000	1000≤Y<200000	100≤Y<1000	Y<100
	资产总额（Z）	万元	Z≥10000	5000≤Z<10000	2000≤Z<5000	Z<2000
物业管理	从业人员数量（X）	人	X≥1000	300≤X<1000	100≤X<300	X<100
	营业收入（Y）	万元	Y≥5000	1000≤Y<5000	500≤Y<1000	Y<500
租赁和商务服务业	从业人员数量（X）	人	X≥300	100≤X<300	10≤X<100	X<10
	资产总额（Z）	万元	Z≥120000	8000≤Z<120000	100≤Z<8000	Z<100
其他未列明行业*	从业人员数量（X）	人	X≥300	100≤<300	10≤X<100	X<10

资料来源：工信部联企业《中小企业划型标准规定》（〔2011〕300 号）。

二、知识产权

智力成果作为一种无形财产或精神财富,法律赋予创造者对其享有专有权利,即知识产权(intellectual property)。"知识产权"概念最早可追溯至 17 世纪,但其被正式提出是在 1967 年签订的《世界知识产权组织公约》中,之后被广泛承认和使用。在法律上,知识产权属于民事权利,指"所有人基于创造性智力成果和生产经营中标记所依法享有权利的总称"。根据新制度经济学派对产权的界定,我们可以将知识产权理解为:知识产权由所有人对被赋权智力成果的占有、使用、取得收入及让渡权构成。

知识产权的权利客体仅仅是人类全部智力实践成果的一部分,并非所有的智力成果都属于知识产权的范畴。对知识产权范围的描述一般有概括和具体两种方式。《世界知识产权组织公约》中指出,知识产权涵盖一切智力创造活动中所产生的权利,是较为典型的"概括式"释义。《与贸易有关的知识产权协定》(Agreement on Trade-Related Aspects of Intellectual Property Rights,TRIPs)中的解释则更加具体,其认为知识产权主要指工业产权和著作权。在这两项国际公约基础上,我国将知识产权划分为三类:工业产权类,涵盖专利、商标、集成电路布图设计专有权及植物新品种权等;著作权类,包含著作权及其相关邻接权;其他类。我国中小企业经营创新中最常涉及的知识产权类型是专利、商标和著作权。

智力成果本身具有公共品的属性,但知识产权呈现完全不同的特征:一是专有性,又称独占性、排他性,即权利人拥有对知识产权客体的垄断性支配权利;二是时限性,即法律对所有人独占权利的保护具有时间限制,超过保护时间,智力成果面向社会公开,知识产权将失效;三是地域性,即知识产权的权利形成和行使都须依赖法律制度,因此地区间法律制度的差异导致知识产权效力范围具有区域性;四是权利客体的非物质性,即知识产权保护的是由人类智慧创造的非物质成果(刘学敏,2010)。随着人类社会的发展,智力成果等知识资源成为推动生产力进步的关键。

作为智力成果的集中体现,知识产权在科技发展、企业经营中发挥着巨大的创新驱动作用。

本书所研究的知识产权指的是中小企业进行技术创新与产品创新所涉及的著作权、专利、商标、商号权、商业秘密、地理标志、植物新品种和集成电路布图设计等。

三、知识产权风险

知识产权风险是指由于知识产权本身或外界因素的影响,使市场主体的知识产权受到威胁,或者由于市场主体自身的原因,有意或无意地侵犯其他主体的知识产权,可能引起企业价值损失或减少的情况。知识产权风险具有客观性、不确定性、潜在性和可测性等特征。具体来说,知识产权风险指的是企业在研发、生产、经营、销售过程中其专利、商标、营销方案和机密等被侵权使用、占用、引发矛盾等。企业知识产权风险主要有知识产权无效预警、知识产权流失、知识产权被非法占有和遭受侵权纠纷。随着大量知识产权的涌现,尤其是专利数量的激增,以及知识产权信息获取不畅、收集难度大,导致企业在生产经营活动中对知识产权风险防范的困难加大。一些跨国企业在我国实施的专利申请、商标注册、技术标准化等手段已构成严密的知识产权封锁线,对企业生存和发展乃至国家经济安全构成严峻挑战。

对知识产权风险,有不同的分类标准。一是根据企业价值链进行分类。企业在研发、生产、销售三个阶段的经营活动具有不同的特点,基于此,可以将企业的知识产权风险分为研发活动期风险、生产活动期风险和销售活动期风险等。研发中的知识产权风险和生产制造中的知识产权风险大都处于潜伏状态,一般在市场销售环节才会集中显现出来。二是根据地域性特征进行分类。基于不同区域,企业的知识产权风险可分为国内风险和国际风险。前者主要指侵权行为发生在我国境内;后者主要指企业在参与国际市场经济活动时,侵犯境外企业或个人主体的知识产权,或者自身知识产权被侵犯。三是根据知识产权类型进行分类。基于此,知识产权风险可分为专利风险、商标风险、商业秘密风险、版权风险以及其他知识产权风险等。

目前,我国中小企业在知识产权方面普遍存在重视意识不足、保护程度不够、风险隐患较大等问题。许多中小企业虽然对知识产权有一定保护,但由于管理不全面、应用不当等,仍然会在知识产权方面遭受严重损失,包括财务损失和信誉损失,甚至导致破产。企业在整个经营过程中都可能面临知识产权的风险危机,如果知识产权风险防范不严,任何小失误都可能严重影响中小企业的发展和生存。

四、知识产权公共服务

知识产权服务贯穿知识产权创造、运用、管理及保护过程中的各个环节,主要包含知识产权信息、代理、法律、商用化、咨询及培训等方面的服务,按照性质可以划分为公共服务和商业服务两类。

知识产权公共服务源于公共服务领域理论和实践的不断发展。在界定知识产权公共服务之前,须对公共服务有较为全面、深刻的认识。公共服务(public service)的概念演化自公共产品(public good),最早出现在19世纪初。目前,学术界对公共服务的概念在角度和范畴上都存在不同的理解。根据释义角度,存在公共产品、服务价值、利益及行为逻辑等多个视角。一是以保罗·A. 萨缪尔森(Paul A. Samuelson)公共产品理论为基础,从公共产品的非竞争性、非排他性等属性推演和解释公共服务,这是较为主流的研究路径。二是从价值角度释义,认为公共服务是政府通过调动和运用公共资源,为满足社会公众需要和实现社会福利最大化提供的产品和服务的总称(李军鹏,2006)。三是突破"物品属性"理论界限,认为公共服务的本质是对公共利益的回应(弗雷德里克森,2007)。四是从行动理论出发,认为公共服务是一系列集体选择行为的总和,包括供给产品或服务内容、数量和质量标准、资金筹措、消费规范制定及供给安排等行为(选择)(奥克森,2005)。

作为政府促进经济增长的主导性手段之一,公共服务逐渐成为21世纪公共行政和政府改革的核心理念。公共服务面向的领域十分广泛,包括科、教、文、卫等公共事业及城乡公共设施建设等,且依据内容和形式不同,可以相应划分为社会性、维护性及经济性三类。在供给机制上,公共服务通常采取多元主体合作的方式,以最大限度地整合和利用社会资源,避免供给单一造成的各类"失灵"现象。公共服务的供给主体一般包含政府部门、国有企事业单位、社会团体及相关中介机构等多种组织。其中,政府部门及相关事业单位依托行政权力和公共资源,负责公共服务的主要供给和管理引导;其他组织则利用自身的灵活性、高效性及更贴近服务对象等优势,作为政府公共服务供给的有力补充。

知识产权公共服务应贯穿知识产权从产生到管理运用的各个环节,为企业等创新主体开展知识产权活动提供服务(公共品)保障。基于以上对公共服务的认识,笔者将知识产权公共服务界定为:由政府部门、市场及社会等公共服务主体协同配合,以公共资源为依托,面向创新组织与个人提供的各类知识产权服务(公共品)。具体来看,知识产权公共服务在类型上可以依据供给内容与目的分为信息类服务(知识产权信息与数据查询、分析等)、商用化服务(交易、融资等)、教育培训服务(人才培养、知识普及)以及司法维权服务(维权援助、司法鉴定)等;在服务机制上则包含供给机制、回应机制、监管机制、评价机制及责任机制等。根据研究内容,本书主要探讨中小企业创新中涉及的知识产权公共服务问题。

第三节　研究方法

本书在研究过程中,主要采用了以下研究方法。

第一,文献研究法。通过检索 CNKI、万方数据库、Web of Science、EBSCO 等国内外文献数据库,梳理公共服务、顾客满意度和创新采纳等相关基础理论,并对知识产权公共服务、感知风险、创新采纳、公共服务满意度等相关研究文献资料进行整理。通过分析和归纳大量翔实的文献信息,提炼出目前国内外的研究状况,把握中小企业知识产权服务需求与公共服务供给等领域的研究概况、趋势动向,总结和凝练现有学术观点并研判其不足之处,找出可能进一步的研究方向,进而聚焦和提炼出研究问题。同时,通过访问国家知识产权局、工信部、地方知识产权服务信息平台等官方网站,及时掌握我国中小企业发展与知识产权服务的动态信息,作为研究材料的有效补充。

第二,问卷调查法。本书主要采用问卷和访谈等方法对中小企业的管理人、知识产权领域专家、知识产权服务机构的工作人员等相关群体进行调查。首先,通过访谈完善知识产权公共服务感知风险初级量表、感知服务质量的内容和问项,以及与研究主题相关的现状问题、相关因素等。其次,针对研究对象开展三次大范围的问卷调查。第一次是在构建知识产权公共服务感知风险量表时,对中小企业内与知识产权公共服务采纳决策相关的人员进行问卷调查,旨在形成能够反映知识产权公共服务感知风险的结构维度和测评量表,为后续研究服务;第二次是在分析知识产权公共服务采纳时,通过问卷的方式收集中小企业决策参与人员对知识产权公共服务风险及其相关影响因素、采纳意向的评价和感知;第三次是在分析知识产权公共服务满意度时,通过问卷的方式收集中小企业对知识产权公共服务满意度及其相关影响因素的评价,进而得出统计分析结果。

第三,实证研究法。一是运用结构方程模型对调查数据的先导性、探索性研究,对问卷内容结构与相关变量进行信效度检验,以及部分变量间的相关性分析;二是运用 AMOS 24.0 与 SmartPLS 软件分析中小企业知识产权公共服务采纳、满意度的运行机理,探索我国中小企业知识产权公共服务采纳与满意度中的各类作用机制,以提升我国公共服务供给中对中小企业服务需求差异化与个性化的把握。

第四节　研究内容与结构安排

本书内容包含以下七章:

第一章,绪论。本章主要交代选题背景,提出研究问题,揭示研究意义,界定相关概念,介绍研究方法、内容及技术路线,指明研究主要创新点。

第二章,文献综述与理论基础。本章主要负责厘清全书的理论建构基础,从知识产权公共服务、感知风险、企业创新采纳及公共服务满意度等方面对相关文献进行系统整理与归纳,在分析与评述已有研究的基础上提出本书的研究切入。

第三章,中小企业知识产权公共服务供给与需求分析。本章从供给侧与需求侧出发,分别对我国知识产权公共服务供给的发展演进与政策、中小企业知识产权公共服务需求进行了考察。同时,打开视野,对域外先进的相关实践经验进行分析提炼,为后续采纳与满意度的具体分析、研究侧重指明方向。

第四章,中小企业知识产权公共服务采纳实证分析。本章运用风险感知、创新采纳等理论观点,结合调研访谈,对中小企业知识产权公共服务风险内涵进行了释义和解构,并以此建立制约中小企业知识产权公共服务采纳的影响模型,实证检验了中小企业知识产权公共服务采纳的影响因素及作用关系等微观机理。

第五章,中小企业知识产权公共服务满意度实证分析。本章以经典顾客满意度模型框架为基础,结合研究问题,构建中小企业知识产权公共服务满意度模型,对现阶段知识产权公共服务满意度情况、影响因素及影响机理进行了实证探究与测评。

第六章,中小企业知识产权公共服务检视与对策建议。本章根据质性与量化分析结果,并结合中小企业知识产权公共服务供需实际,对当前我国知识产权公共服务供给中存在的问题进行了检视,并提出了相应的对策建议。

第七章,研究结论与研究展望。本章总结了全书主要的研究结论,对研究存在的局限与不足进行了分析和说明,并对有待继续探究的研究方向进行了展望。

第五节 研究技术路线

本书研究技术路线如图 1.1 所示。

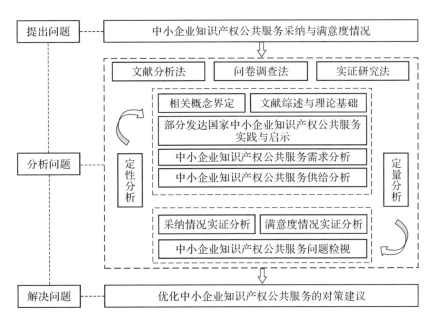

图 1.1 研究技术路线

第六节 研究主要创新点

基于文献资料分析,发现已有成果中聚焦中小企业知识产权公共服务的研究较少,且大部分研究停留在对知识产权公共服务模式的介绍或某项服务的探讨上,缺乏对中小企业知识产权服务实际需求的联系和系统性分析。本书在前人基础上,对相关研究主题进行了整合和深化,并围绕研究问题进行了科学的研究设计和安排,得出了较为全面深入的研究结论,提出了具有针对性和实操性的对策建议。总的来说,本书的创新之处有如下几方面。

第一,研究视角方面。本书沿用行为公共管理学视角,将知识产权公共服务置于中小企业创新场景中,对知识产权公共服务采纳、满意度的影响因素及机理等心理体验进行微观刻画。研究结论有助于推导政府宏观政策决策与公众微观心理刻画之间潜在的因果关联,促进了公共管理学与心理学学科的对话。

第二,研究内容方面。现有知识产权公共服务的学术成果对中小企业需求的关注较少,为数不多的聚焦中小企业的研究多为对某项公共服务的探讨,研究范围和深度有限。本书围绕客户感知,定量与定性相结合,通过服务采纳与满意度研究分别对中小企业知识产权公共服务运用的前后两个阶段进行深入分析,对相关影响因素与影响机理进行探究,得出了较为全面细致的研究结论,对既有知识产权公共服务领域相关研究内容进行了有益补充。

第三,研究价值方面。一是本书检验了经典顾客满意度模型部分框架在知识产权公共服务领域的适用性,重申并验证了感知服务质量、感知服务价值在知识产权公共服务满意度中的重要作用。二是以往的研究主要集中在知识产权公共服务的宏观层面,定性研究居多,研究结论和对策建议对知识产权公共服务工作的实践指导性较弱。针对这一问题,本书以量化研究结果为依据,检视了我国知识产权公共服务供给中存在的问题,从服务体系构建、满意度提升、风险纾解、价值获得感以及服务运用效能提升等方面提出较为具体的对策建议,以期为优化我国面向中小企业的知识产权公共服务供给提供启发与决策依据。

第二章　文献综述与理论基础

第一节　国内外文献综述

一、知识产权公共服务的相关研究

从定义上来说,知识产权公共服务以政府为主导,以维护公共利益为目的,主要围绕知识产权的创造、运用、保护、管理等过程展开。以"知识产权公共服务"为主题在 CNKI 进行检索,共计得到 1580 条结果,其中2000 年以后论文数量增长趋势明显(如图 2.1 所示)。研究涵盖的主题主要为知识产权(173 篇)、公共服务平台(50 篇)、知识产权保护(45 篇)、文化创意产业(40 篇)、知识产权公共服务(39 篇),其余文献主题主要涉及公共政策、政府职能、中小企业、科技创新及知识产权服务业等,如图2.2 所示。

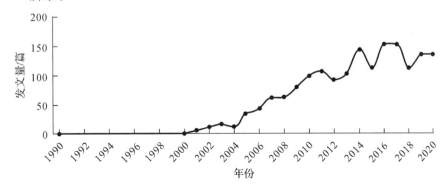

图 2.1　2000—2020 年以"知识产权公共服务"为主题的论文数量

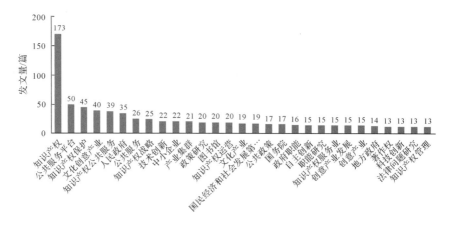

图 2.2　2000—2020 年各主题相关论文的数量统计

从现有文献来看,聚焦知识产权公共服务的研究相对较少,代表性成果不多。然而,仍有一些学者进行了探索性贡献,形成了一批具有参考价值的研究成果。

(一)知识产权服务内涵及功能定位

学界对知识产权服务的界定侧重于内涵和服务类型的解析。吴桐等(2012)认为,知识产权服务是指各类知识产权"获权—用权—维权"相关服务及衍生服务。唐恒等(2007)认为,可以从管理服务层、中介服务层、企业内部服务层等维度来定义。概括而言,知识产权服务渗透在创造、运用、保护、管理等领域。而就知识产权服务的功能定位而言,研究主要集中在以下几个方面:一是知识产权对科技创新的助推作用,认为集成创新和消化吸收再创新以及增强市场主体的创新能力都需要专业化知识产权服务作支撑;二是知识产权服务对社会创造财富的催化作用,认为知识产权服务有利于促进社会财富增加、支撑企业品牌全球化、促进农民创富增收、支撑版权产业振兴等;三是企业海外专利申请和布局、纠纷诉讼等。

(二)知识产权公共服务供给内容与机制

国外学者对知识产权公共服务及其供给机制的研究主要聚焦于公共物品理论、多中心治理理论,国内学者金太军(1998)最早研究服务供给。近年来,我国对服务型政府的要求不断提升,学术界、社会界对公共服务供给的研究热情居高不下,这也反映出当前我国公共服务领域还存在较大的优化和改进空间。其中,比较有代表性的学术观点有:朱谢群(2008)在研究中结合多中心治理理论,指出社会性中介组织是提供和开展知识产权公共服务的力量之一,要提高自身素质以更好地应对复杂环境下的服务需求;吴离离(2011)认为,完善知识产权公共服务体系具有紧迫性,要积极发挥政府职能的主导作用,加快公共服务平台建设、产品开发及推广;李喜蕊(2014)指出,我国的知识产权公共服务存在信息不公开、资源不透明、差异不均衡等问题,应该从政府部门、科研院校等多维度进行职能完善、协同发展;余仲儒(2014)通过对我国专利审查和信息服务的研究,论证了外部服务的可能性,并从准入标准、衡量质量等方面提出建议;贾辰君(2015)研究发现,政府、高校、科研院所和社会组织是知识产权公共服务的主体,向社会大众、企业组织提供关于信息检索、教育培训、司法鉴定等服务,在改进中须注重绩效管理;付夏婕(2015)指出,知识产权与信息自由存在着既对立又统一的关系,构建知识产权公共服务体系,必须完善政府信息公开制度;李超(2016)则认为,政府干预是实现知识产权公共服务有效发展、缓解市场失衡的有效手段。

(三)知识产权公共服务能力与体系建设

我国对知识产权公共服务的研究和实践尚处在初级阶段,理论研究探讨不足,现实供给机制不够完善,知识产权公共服务的整体能力滞后于社会实际需要,主要观点详见表2.1。

表 2.1 知识产权公共服务能力与体系建设研究

年份	研究者	研究观点
2010	何炼红	对我国知识产权审议实践内容和程序进行了分析,提出知识产权中介服务组织应明确权责
2011	罗敏光	以江苏省知识产权公共服务发展建设为例,指出要加强各政府部门间的联动,加强政府同社会组织的合作,以多元主体触动知识产权发展
2012	赵亚静	在中小企业知识产权建设过程中,应注重创造、运用多方面内外因现象,通过文化创新、政府推动、中介服务等共同推动公共服务体系建设

续表

年份	研究者	研究观点
2014	杨红朝	基于知识产权服务业的培育,须通过健全法律体系、完善协调机制、培育服务市场、重视转化运用等路径来支持知识产权公共服务系统建设
2015	贾辰君	我国现有知识产权公共服务难以满足供给对象高层次和个性化的需求,服务能力有待进一步提高
2016	方琳瑜等	分析了众创空间轴线载体下的知识产权公共服务需求,以及在不同阶段和形态下完善公共服务平台、提升协同效率的重要性
2016	赵　丹	在中小企业知识产权建设中,要重点构建知识产权文化引领机制,完善中小企业知识产权相关法律、法规

二、感知风险的相关研究

自 1960 年由哈佛大学 Raymond Bauer 提出至今,感知风险被广泛应用于决策理论的探讨中。

(一)感知风险的概念内涵

最早,Bauer(1960)从心理学研究中衍生出感知风险的概念,并将其释义为消费者对购物行为可能产生某些不愉快后果的不确定性,认为消费者在进行各类产品或服务采纳过程中,主观感知到的风险未必与真实情况一致,可能存在对客观风险夸大、缩小或错误解读的现象。Cox(1967)在 Bauer 的基础上对感知风险进行了更加具体的研究,提出感知风险是两个变量的函数:一是负面结果发生的概率;二是负面结果一旦发生,可能导致的损失大小。围绕感知风险定义的研究还有很多,如Derbaix(1983)将感知风险定义为消费者的不确定感觉,通常伴随无法控制和预测的购买结果;Dowling 等(1994)指出消费者感知风险为个体对自身行为实施后果的不确定性和负面性的认识;Keh 等(2002)认为感知风险是个体对风险的直觉判断,是决策者在决策过程中对客观风险的主观上的认识和心理上的感受。

本书主要研究企业在知识产权公共服务采纳中面临的不确定性及其负面影响。中小企业的抗风险能力普遍不强,因而风险考量对其决策意向的重要性不言而喻。受限于信息不对称、自身能力有限等现实,中小企业难以完全对服务采纳的风险进行客观评估和全面掌握,决策人需要依靠对风险的主观认识进行评估与判断。在中小企业的知识产权公共服务采纳中,决策人可能会感知到知识产权服务潜在的风险,更有可能主观放大风险,并根据过往经验做出决策。由此,本书聚焦知识产权公共服务感知风险的讨论,并借鉴上述感知风险的研究成果,进一步将知识产权公共服务感知风险定义为:企业决策人在知识产权公共服务采纳过程中对各种风险的主观认识和心理感受,是决策者因为无法预料采纳后果而产生的一种不确定性感受。

(二)感知风险的结构维度

国外学者在感知风险维度的研究上取得了丰硕的成果。Cox(1967)和 Cunningham(1967)首先从结构构成和内容要素两个层面对感知风险进行了研究。Cox(1967)认为感知风险与消费者的心理接受能力和财务能力相关;Cunningham(1967)研究指出,感知风险的结构包括五个方面的因素,分别为社会、资本、物理、时间和绩效。自此,众多学者对感知风险的结构进行了研究,虽然对具体维度的认识仍存在分歧,但对感知风险是多维概念这一点基本达成了共识,详见表 2.2。

表 2.2　感知风险结构维度研究

年份	研究者	维度划分
1971	Roselius	时间、危险、自我、金钱
1972	Jacoby, Kaplan	财务、功能、身体、心理、社会
1973	Bettman	固有、处理
1974	Kaplan,Szybillo, Jacoby	财务、功能、身体、心理、社会、时间
1975	Peter, Tarpey	财务、功能、身体、心理、社会、时间
1983	Derbaix	财务、身体、心理、时间
1986	Dunn,Murphy, Skelly	财务、社会、时间
1990	Murray, Schlacter	财务、产品功能、社会、心理、身体、时间损失
1996	Jarvenpaa, Todd	财务、产品效果、社会、个人、隐私

续表

年份	研究者	维度划分
2000	Bansal，Voyer	财务、功能、社会、心理、时间、身体
2003	Featherman，Pavlou	财务、功能、社会、心理、隐私、时间

Roselius(1971)通过对决策过程的分析，认为消费者或采纳方有可能遭受四个方面的损失：一是时间方面的损失，即出现重购、退换及维修等情况所耗费的时间；二是危险方面的损失，即购买的产品服务是否会对健康、安全造成危害；三是自我方面的损失，即产品购买招致的自我以及他人的难堪、尴尬；四是金钱方面的损失，即当购买产品未达到预期或出现问题需要进行更换和修理时，消费者可能面临的金钱损失。

通过对传统市场中消费行为的研究，Jacoby 等(1972)将消费者感知风险分为五个维度，包括财务风险、功能风险、身体风险、心理风险和社会风险。财务风险指的是产品的实际价值无法匹配购买支付的成本，即物不及所值造成的财务损失；功能风险指产品无法实现商家承诺的或者消费者预期的功能，使用效果不佳；身体风险是指产品使用对消费者自己或他人身体造成伤害的风险；心理风险是指消费者购买的产品可能与其自我形象、自我概念一致性发生冲突，以及由此产生的其他心理风险；社会风险则是指产品购买不被消费者所处社会关系接受或认同的风险。另外，在对这五个维度的风险与整体风险的关系进行研究时，他们发现功能维度与整体风险相关性最高，其余依次是财务维度、心理维度、社会维度及身体维度。

Bettman(1973)在对感知风险结构的研究中提出了自己的观点，他认为消费者感知风险应分为固有风险和处理过的风险两个维度。固有风险指的是由产品本身给消费者造成的感知风险，处理过的风险指的是在采纳过程中产生的选择风险。

Peter 等(1975)在 Jacoby 等的五维风险基础上，加入了第六维度——时间风险，指因产品(服务)的采纳而造成的时间方面的损失。

Stone 等(1993)在研究中发现，感知风险的六维度结构对整体风险的解释可以达到 88.8%。在之后的研究中，Jarvenpaa 等(1996)拓展了隐私风险的新维度。

从整体来看，学术界对感知风险的维度界定基本遵循财务、功能、社会、心理、身体及时间六维度。但是，由于采纳情境、产品类型等的差异性，学者更加倾向于从自身研究聚焦内容和领域出发，对相应的感知风险进行具有针对性的实证解构。

(三)感知风险的影响因素

第一，学术界最常关注的感知风险影响因素为人口因素。性别、年龄、受教育程度、收入等人口统计变量已经在很多研究中被验证与消费者风险认知的关系显著。在感知风险的性别差异上，女性的风险认知度一般比男性高(Flynn et al.,1994；Murnpower et al.,2013)。Forsythe 等(2003)的研究表明，不同性别消费者的具体感知风险存在差异。Phillips(2022)发现，不同年龄段消费者的感知风险存在显著的差异性；Guber(2003)指出，老年人比年轻人更加倾向于高估风险；Slimak 等(2006)指出，个体的收入与感知风险存在一定负相关。有研究表明，受教育程度与感知风险存在负相关，信息掌握和知识优势为学历高的消费者减少风险感知起到了一定作用。

第二，感知风险还与消费者自身的风险态度、人格、能力、经验等个性化特征有关。Allen(1987)提出，风险认知与当事人的个人主观性因素密切相关，如文化教育背景、个人信念、风险偏好等；Garbarino 等(2004)通过对互联网消费者的研究发现，感知线上交易的风险会随着消费者经验的累积而降低；Havlena 等(1991)认为个人所持的风险态度会影响其风险感知和规避行为；Tridib(1993)在研究消费者购买行为时发现，风险偏好者更倾向于最大化其感知利得，对购买风险的感知较弱。

第三，消费者在产品或服务采纳时，产品类型、价格、采纳渠道、商家等产品与供应方因素对其感知风险的影响显著。Bettman(1973)提出感知风险维度应包含由产品类别和操作引发的风险，即产品类别的潜在风险和由于选择该类别下某一具体品牌或商家产品而面临的风险；Zikmund(1977)研究指出，消费者的感知风险受选购产品类别的整体风险程度的影响,且存在一定的正相关性;Rao 等(1989)研究发现,消费者对不熟悉且价格较高的产品往往会抱有更高的品质期望,感知风险也会随之增大;在高风险产品消费中,产品的品牌、性能等单个属性与感知风险的关联强度相对较高。供应方因素主要是指生产商、经销商的声誉和信用,即供应方的知名度和美誉度。Dodds 等(1991)和 Roselius(1971)均认为,在消费者选择产品或者服务时,生产企业的知名度越高,消费者的感知风险越低。Dash 等(1976)通过对比消费者在百货商店和专营商店两种消费场景的感知风险,发现专营商店的消费者对产品专业性等的信任度和认可度更高,风险感知更低。Lee 等(2003)对消费者的网络购物进行了研究,发现消费者往往会倾向于选择信誉好、声誉高的商家,因信誉好和声誉高的商家能够有效降低产品购买、服务采纳的潜在风险。

第四,任何风险都和环境有关。这里涉及的环境既包括宏观的经济、技术、文化环境,也包括微观环境如企业环境、消费者。Bronfman 等(2011)通过研究证明了文化背景差异对感知风险的影响;Flynn 等(1994)在研究中指出黑人比白人的感知风险水平更高,种族、亚文化差异也是影响感知风险的一个因素;Chaudhuri(1998)的研究表明,感知风险与掌握产品知识的熟悉程度呈现负相关关系;Laurent 等(1985)指出,兴趣可以激发消费者收集更多的信息,从而降低感知风险的总体水平;Ellen 等(2004)通过对女性网络购物的研究发现,亲友推荐等社会参照可以降低消费者的感知风险;Nena(2003)研究指出,消费者和自己熟悉的人一起购物时的感知风险会更低。

以上是对感知风险主要影响因素的整理和列举,并未将所有研究全部涵盖。事实上,学术界还有很多对感知风险前置变量的研究,如信任、卷入度等都在一些研究中被证明会对感知风险产生影响。值得注意的是,这些因素一般都是中间变量,与前文归纳的采纳者自身、产品与供应方、环境三个方面高度关联,限于篇幅在此不一一赘述。在感知风险后置结果变量的研究上,现有成果主要集中于行为、决策、态度、意愿及风险减少行为等方面。

三、企业创新采纳的相关研究

中小企业创新采纳行为是一个长期而复杂的过程,在此期间诸多因素将影响企业创新采纳的最终决策。对企业创新采纳行为影响因素的研究,国内外学者皆有所建树。综合相关研究文献来看,对中小企业创新资源采纳及决策的研究多集中于企业内部的创新机制、资源配置、内生动力因素、核心优势打造、激励条件等方面,而在中小企业创新发展的视阈下具体研究管理者层面和风险层面的文献相对较少,从仅有的研究成果来看,主要集中于中小企业主要管理者对决策的重要性,以及中小企业创新采纳的风险研究这两个方面。

第一,中小企业主要管理者对决策的重要性。阿布力孜·布力布力等(2019)探索了管理层创新导向和企业发展的关系。他们引入企业创新性作为管理创新导向与企业发展之间的中介变量,以 89 家中小企业的 139 位管理层人员为样本,对中小企业进行了调查研究,发现管理层创新导向作为创新培育的管理层行为,对企业发展具有积极作用,并且企业创新性在管理层创新导向与企业发展之间起到调节作用。夏金华(2011)研究了我国科技型企业管理层知识管理能力相关问题,发现知识管理能力的影响因素与管理层知识管理能力之间线性相关;对管理层知识管理能力影响最大的因素是组织文化,其次是人力资源管理。余传鹏(2015)认为,由于资金、人才等资源条件的约束以及研发本身可能面临的巨大风险,中小企业在开展技术创新的道路上困难重重。通过管理实践、流程、结构和技巧等方面的管理创新活动,创造性地整合企业内外部知识和资源,实现快速成长,便成了许多中小企业实现创新发展的一种重要路径选择。

第二,对中小企业创新采纳风险的考量。丁振中(2020)认为,技术创新是一种高风险活动,企业的成本以及存在的风险是决定技术创新成功与否的重要因素。企业应该加强对创新阶段成本的定额控制,深入研究技术创新成本风险的特点及产生因素,设立风险预警机制,并且制定应对风险的应急方案,以此来降低风险的发生概率以及风险对企业成本的损耗。在对企业创新采纳风险的防控上,王金涛等(2019)构建了一个三方

（政府监管部门、投资者与高新技术企业）行为策略演化博弈模型，提出了合作博弈的解决方案：政府监管部门要严格监管，加大资金投入和政策支持；投资者也应选择参与投资，并不断提升风险识别能力。对比国外中小企业的研究，国内学者对中小企业的研究主要集中在财税政策、企业内部财务管理、融资模式、国际化发展等领域，对中小型企业的技术供需、创新采纳、创新风险、知识转移等领域的研究较少。

此外，国内学者还从企业创新吸收能力（孙浩等，2008；杨丽娜等，2012）、资源条件（郭跃华等，2005；杨连峰等，2011）、技术特性（代宏坤等，2005；朱丽献等，2008）、环境（宋雪雁等，2010；杨丽娜等，2012）等影响因素对企业创新采纳问题进行了探讨。

国外学者将影响企业创新采纳的因素大致分为创新源自身特征、创新采纳者特征、内部组织因素及外部环境因素等四个方面。Hausman 研究了创新采纳者与商业合作伙伴之间的合作关系对其创新采纳决策的影响，研究表明创新采纳行为可能会因采纳者所处的社会网络关系而变得复杂。Ray 等从采纳主体内部的角度出发，认为高层管理者的意识态度及参与程度、组织结构与氛围等因素在创新采纳过程中的影响值得关注。Zmud 将创新采纳的企业主体按照规模分类后发现，大型企业因具有更强的技术吸收能力和抗风险能力，比中小企业在创新采纳的决策信心和决策效率上更具优势。尽管诸多学者一致认为规模较大企业的创新采纳速度普遍快于中小型企业，但 Richard 却认为，大企业内部信息与知识的共享、传播等成本远远高于中小企业，会造成其在创新采纳的反应速度和灵活性上相对落后。同时，Stephen 等论证了采纳主体的内部组织结构对创新资源获取、采纳效率以及组织成员三方面的影响作用。此外，Gregory 从人力资本的角度对创新采纳的影响因素进行了研究，认为决策创新采纳的关键因素是采纳决策者的创新能力。相较于个体，企业主体的采纳是一种更为组织性的决策行为，涉及内部相关部门、决策人员等多个参与方。创新采纳的行为主体不同，将对同一创新采纳表现出相异的行为取向，故企业创新采纳行为研究亦可从个体、群体与企业三个行为主体出发。就创新采纳的个体而言，具备较强创新意识且处于良好内部组织环境的个体更易触发创新采纳行为。对企业主体来说,创新采纳决策的主要角色包括企业的所有者或经营管理者、未来参与创新资源使用的人员以及给予专业咨询建议的企业顾问等。企业创新采纳中的群体行为,主要指工作各异的各职能部门的创新选择与决策活动。部门间的差异造就了各部门对企业创新采纳关注内容和所达目标的相异性。分别决策所带来的"零和博弈"是企业在创新采纳过程中需要注意的问题。Morton 等学者在 20 世纪 70 年代,基于对企业创新过程的研究,发现企业在垄断竞争市场环境中的创新驱动力最强。显然,市场竞争的日趋白热化是促进企业进行创新采纳的助推剂。然而,企业在创新采纳趋向性较强之际,亦会关注创新采纳的不确定性所带来的风险,因此,创新源致力于降低创新采纳效果的不确定性从而将风险系数降至最低,是企业进行创新采纳决策的考量因素之一(李燕燕等,2017;李燕燕等,2009)。

从国内外研究文献看来,学者对创新采纳方面的研究仍处于日益发展并逐渐走向成熟的阶段。首先,国内外学者对创新采纳方面的研究均颇有建树,尤其是在企业技术的创新采纳层面,理论、文献层出不穷,颇具良好发展势头;其次,关于企业对知识产权服务等无形性、动态性、异质性的创新采纳研究着墨不多,仍处于拓荒阶段;最后,对企业创新采纳过程相关影响因素的研究,多数停留于定性研究,存在实证研究不足、影响要素权重不确等局限,同时亦不利于建设性建议的提出。

四、公共服务满意度相关研究

公共服务满意度相关研究源自学界对顾客满意度理论的拓展和实践。20 世纪 70 年代,公共服务满意度研究开始萌芽。在该阶段,学者对公共服务满意度的探索主要基于顾客满意度研究相关成果,远未形成相对独立和完整的研究框架。20 世纪 90 年代,伴随新公共管理、新公共服务运动的浪潮,公共服务满意度研究步入快速发展期,理论框架、测量方法逐渐成熟。目前,相关研究主要集中在以下几个方面。

(一)对公共服务满意度内涵的研究

界定公共服务满意度概念的前提是对满意度内涵进行释义。"满意度"是一个具有模糊性和主观性的词语,学界关于顾客满意度内涵的研究主要从"期望与感知差距""情绪反应""成本效益",以及"期望与感知差距"与"情绪反应"相结合等四个角度展开。其中,"期望与感知差距"论认为,满意度是顾客对产品或服务的实际购买体验与购前预期对比的结果,若实际体验高于预期,即满意,反之则不满意;"情绪反应"论认为,满意度是一种顾客对其在产品或服务中获得价值的情绪反应;"成本效益"论认为,满意度是顾客对为产品或服务付出成本与获得收益进行综合考量的结果;持"期望与感知差距"与"情绪反应"相结合观点的学者则认为,满意度来自顾客对产品或服务认知与情感的双重作用。

在新公共服务理论视域下,国内外很多学者认为"公共服务满意度"的概念中包含着"顾客导向"的隐喻,即政府在进行公共服务的供给时,应当以社会、企业、公众等服务对象的满意度为导向。在"公共服务满意度"概念界定的研讨中,比较有代表性的观点有:David 等(1992)指出,公共服务满意度是政府公共服务效果与公众期望匹配程度的表征,应当作为政府绩效的主要评价指标;Lewis(2007)提出,公共服务满意度的本质是公众基于服务感知对政府的认可程度,包含情绪和认知两方面的体验;尤建新等(2005)、王谦等(2006)等认为,公共服务满意度是一种对公众心理状态的量化反映;陈俊星等(2011)指出,公共服务满意度是公众将接受公共产品或服务后的实际体验与之前预期进行对比后的心理状态。综合以上研究成果,本书将知识产权公共服务满意度定义为:公众对所接受知识产权公共服务实际感知与预期对比后的心理感受和评价。

(二)对公共服务满意度测度的研究

关于公共服务满意度测度的研究,国外起步较早。1989 年,美国密歇根大学 Fornell 教授及其团队构建了第一个专门针对顾客满意度测评的指标模型——瑞典顾客满意指数模型(Sweden Customer Satisfaction Barometer, SCSB)模型。模型以顾客满意度为核心,并纳入感知质量、预期质量、顾客抱怨、顾客忠诚等变量,对顾客满意度及其前因和结果进行了综合评估。SCSB 模型在多个领域的应用取得了成功,也深远影响了顾客满意度模型的发展。美国顾客满意度指数(American Customer

Satisfaction Index，ACSI）模型、欧洲顾客满意度指数（European Customer Satisfaction Index，ECSI）模型以及中国（Chinese Customer Satisfaction Index，CCSI)模型,都是在 SCSB 模型基础上,结合各国实际而构建的全国性顾客满意度指数模型。同时,顾客满意度模型研究的发展也为公共领域的满意度测度提供了分析框架。

现有国内外关于公共服务满意度测度的研究,多是在前述经典顾客度满意模型的基础上发展而来的。我国学者结合中国实际,从不同角度对公共服务满意度的测量进行了调整和拓展,如梁昌勇等(2015)用公众信任、服务质量替换 ACSI 模型中的顾客忠诚和感知质量变量,以增强模型在公众满意度测量中的适用性;刘武等(2006)通过调整和增加 ACSI 模型中的结构变量,设计出了专门针对行政服务大厅的公众满意度测评模型;赵大海等(2014)在对大城市公共服务公众满意的研究中,提出从服务供给、公众参与、政府效能及信任等维度进行测评;胡晨沛等(2018)运用模糊评价法,从公共性、充足性、均衡性及便利性等四个维度,测评了华东地区的公共服务满意度。另外,中国社科院、上海交大等高校院所也都开展过相关研究,如《中国城市基本公共服务力评价》《中国城市公共服务评价》等,为公共服务满意度的研究提供了有价值的参考。

（三）对公共服务满意度影响因素的研究

目前,国内外公共服务满意度影响因素研究主要呈现角度多样、指标不一的特点。一些学者则从政治学出发,纳入政府效能、公信力、公众参与、信息透明等变量,将影响公共服务满意度的因素划分为政府、个人以及个人与政府互动三个方面。整体而言,笔者认为公共服务满意度的影响因素可以大致分为宏观与微观两个层面。一是微观层面的影响因素。该层面主要聚焦公众个体的性别、经济状况、教育水平、户籍、职业等人口统计学特征因素的影响,研究较为分散。如 Ryzin 等(2010)在一项针对纽约城市公共服务满意度的调查中指出,调查对象的收入水平、居住地及种族等因素会影响其对政府提供公共服务的满意程度;Dimitriades 等(2007)通过实证分析指出,性别和年龄因素对公共服务满意度具有影响作用;龚佳颖等(2017)在对上海地区公共服务满意度的研究中发现,年龄因素对公共服务满意度的影响并不显著;朱玉春等(2010)研究指出,农户收入水平对其公共服务满意度存在显著正向影响。二是宏观层面的影响因素。这部分研究成果主要聚焦于宏观经济水平、公共服务资源、政府效能、政府公信力等因素。如王哲等(2018)研究指出,财政投入对公共服务满意度存在显著的影响作用,且该影响在发达和欠发达地区间存在明显差异;冯菲等(2016)以 10 个城市的样本数据为基础进行了实证分析,验证了政府效能、公众信任对公共服务满意度的影响作用;曹现强等(2019)研究发现,人均 GDP、财政支出等是造成区域间公共服务满意度差异的主要原因;Grimmelikhuijsen 等(2015)和 Porumbescu(2015)则指出,政府透明度是预测公共服务满意度的可靠指标;易承志(2019)将政府信任分为地方政府信任和中央政府信任,发现城市环境公共服务满意度受地方政府信任的影响更显著。

综观国内外学者对公共服务满意度的研究,在相关理论、测评工具、研究内容等方面不断拓展,取得了较为丰富的成果,为本书研究积累了扎实的基础。目前,国内学术界对公共服务满意度的研究呈上升趋势,但专门聚焦知识产权公共服务领域的尚不多见。整体上看,学术界对公共服务满意度的研究仍存在一些有待关注的问题:研究模型在不同地区、不同公共服务领域的适用性尚需验证和优化;现有研究内容多侧重于某些特定公共服务领域,研究视野有待进一步打开;深入探讨公共服务满意度影响因素及作用机理的研究较为欠缺。

第二节　理论基础

一、新公共服务理论

20 世纪 70 到 80 年代,西方世界掀起轰轰烈烈的以新公共管理理论为指导的"政府再造"风潮,起初是美国、英国、新西兰等国家为了消除财政危机,迎接新技术革命和经济全球化挑战而开展,随后在日本、法国、加拿大等其他经济合作与发展组织成员国中推广开来。新公共管理理论的核心观点是政府在公共服务供给过程中的角色定位是"掌舵者"而不是"划桨者"。随着实践发展，许多学者对新公共管理理论所倡导的"管理工具主义"等负面价值观持有批判和质疑的态度，他们认为公共服务不应该向私人化、技术化或经济化发展，企业化的公共服务会降低公共管理的公共属性。

面对越来越多的质疑，许多学者提出了新的观点。Stivers 等（1998）提出，政府的权力来自公众，政府的主人应该是公众，政府的服务对象也应该是公众。登哈特（Denhardt）夫妇于 20 世纪 80 年代提出了新公共服务理论，该理论以公众为公共管理的核心，认为政府不应该忘记公众才是"船"的主人，政府的职责应该是服务而不是掌舵，政府在制定公共管理决策或提供公共服务时，必须以公众为核心建立一套有完善整合力和回应力的公共管理体系。

新公共服务理论的基本观点体现为登哈特夫妇提出的七大原则：第一，是服务而不是掌舵。政府的重要作用并不体现在对社会的控制或驾驭上，而在帮助公众表达和实现他们的共同利益。第二，公共利益是目标而非副产品。公共利益是政府和公众共同的利益和责任，是目标而不是副产品。第三，战略地思考并民主地行动。为了实现集体的远景目标，在具体的计划实施过程中，依然需要公众的积极参与，使各方的力量集中到执行过程中去，从而实现预期的理想目标。第四，服务于公众而不是顾客。政府的服务对象是社会公众，而不是像企业服务于顾客。第五，责任并不是单一的。公务员不应当仅仅关注市场，也应该关注宪法和法律，关注社会价值、政治行为准则、职业标准和公众利益。第六，重视人而不只是生产率。"人"不仅包括社会公众，也包括公共政策制定者和实施者。第七，重视公众权益和公共事务。公共行政官员并不是其机构和项目的业务所有者，政府为社会公众所有（登哈特等，2010）。

新公共服务理论吸收了传统公共行政理论的合理内容，承认新公共管理理论对改进当代公共管理实践所具有的重要价值，但摒弃了新公共管理理论特别是企业家政府理论的固有缺陷，提出和建立了一种更加关注公共利益,更加适合现代公共社会和公共管理实践需要的新的理论选择。经过 40 年发展,新公共服务理论在各国政府的公共服务实践中取得了良好成效,一些观点也得到较为充分的验证,对优化中小企业知识产权服务具有重要的指导意义。

二、公共产品理论

公共产品理论的思想源头可以追溯到英国学者托马斯·霍布斯(Thomas Hobbes),他在 1657 年完成的著作《利维坦》中提出了社会契约论和利益赋税论,认为国家与公众是一种契约关系,公众将部分权力移交给国家,国家则相应承担保护公众的生命、财产安全及维护社会秩序等责任。在此之后,威廉·配第(William Petty)在《赋税论》中集中讨论了公共经费问题和公共支出问题,大卫·休谟(David Hume)、亚当·斯密(Adam Smith)、约翰·斯图尔特·密尔(John Stuart Mill)等学者也都进一步发展了公共产品理论。

目前被广泛接受的公共产品概念是由保罗·萨缪尔森(Paul Samuelson)在 1954 年提出的,他将产品分为私人消费品和集体消费品,其中集体消费品也就是公共产品,表示的是每个人对一种产品的消费,并不影响或者减少其他人对该产品的消费,即非竞争性原则。在萨缪尔森的基础上,布坎南等(2000)进行了进一步完善,把集体消费品分为公共产品和有益产品,其中有益产品具有强制性消费的特点,也就是通常意义上的非排他性。此后,非竞争性和非排他性成为人们判断物品是否为公共产品的依据,产品的客观属性成为西方经济学者区分公共产品和私人产品的立足点。布坎南(2009)从物品供给机制的视角对公共产品重新进行诠释,认为一些物品和服务通过市场制度实现供给和需求,而另外一些通过政治制度实现供给与需求,前者为私人产品,后者为公共产品。相较于之前的公共产品属性论述,其更加强调公共产品组织制度的内涵。

依据不同划分标准,公共产品可以分成各种各样的类型:按照非竞争性和非排他性,可分为纯公共产品、私人产品和准公共产品;按照公共产品的空间范围,可分为国际公共产品、全国性公共产品、地方性公共产品和社区性公共产品；按照存在的形态，可分为有形的物质性公共产品和无形的精神性或服务性公共产品。许彬（2012）把公共产品分为五类：第一类是资源类公共产品，如海洋、生物和矿产等自然资源；第二类是物质类公共产品，如桥梁、公园等满足人们需要的公共产品；第三类是服务类公共产品，如教育、天气预报、国防等公共服务；第四类是制度类公共产品，如法律等以条文形式存在的公共产品；第五类是文化类公共产品，分为物质文化、精神文化和制度文化三类，具有公共、共享等特点。

公共产品供给主要分三种模式：第一种是政府垄断公共产品供给。在这种模式下，政府提供的公共产品数量不足、质量不高，且缺乏效率，难以提供令社会公众满意的公共产品。第二种是政府和市场共同进行公共产品供给。市场重新加入公共产品的供给中来，与政府形成合作，通过竞争机制提高公共产品供给效率，但公共产品的供给数量和质量难以得到保证。第三种是政府、社会、公众和市场主体多维互动的多元主体供给模式。政府一方面进行公共产品供给政策规制，另一方面提供基础性公共产品和服务，由其他主体进行协商，共同提供公共产品和服务。

中小企业一般自身综合实力不强，知识产权方面的意识、投入和风险管控能力都较弱，这就需要政府本着非竞争性和非排他性的原则提供知识产权公共服务，提升中小企业知识产权综合能力，强化中小企业技术创新能力。

三、创新采纳理论

创新采纳理论自 20 世纪 60 年代末 70 年代初问世并逐步发展以来，一直都是指导企业创新行为决策研究的基石。其在发展过程中，不断地经受着相异观点的争论与实践经验的考验，在对立统一中，不断地取得新的进展，成为多数企业创新采纳行为研究者的理论首选。

就创新采纳理论所取得的阶段性研究成果而言，国外研究成果较为丰富，国内学者多将国外优秀研究成果运用于自身课题研究。Nabih、Bloetn 等学者在 20 世纪 80 年代以时间为轴线，对创新采纳理论的研究文献进行了线性的系统整理与分析。针对创新采纳理论的基本观点可以大致分为两大流派:一是占主流地位的传统创新采纳理论,以弗雷特·M. 罗杰斯(Everett M. Rogers)为代表的大多数学者从创新源与采纳者相互选择和作用的角度来研究影响创新采纳效果与结果的因素。二是部分相对少数的学者,从采纳拒绝的角度研究和推演创新采纳过程。

追溯创新采纳理论之源,20 世纪 50 年代初,威尔肯宁(Wilkening,1953)提出了一个与现今"创新采纳"内涵极为相近的概念"创新接受",从个体角度出发,聚焦个体认同与采纳的研究。罗杰斯(Rogers,1995)于 1962 年出版的《创新扩散》中首次正式对"创新采纳"进行了研究,并在其研究中指出,所谓创新采纳是指个人或组织对是否使用某项创新所做出的决策。在此之后,学者在对创新采纳过程的进一步研究中指出,创新采纳包含行为和态度两个范畴,即除了实际发生的采纳行为,还包括精神态度层面对创新采纳的认同。泰勒(Taylor et al.,2004)则提出,不应该把创新采纳和创新拒绝简单地看作对立,而应将其视为两种创新行为表现类型。

基于已有研究,笔者将创新采纳的内涵理解为:在进行外部创新资源采纳时,受到参与个体主观感受,以及创新源本身的风险性、盈利性、实用性、科学性、兼容性、有效性、可察性等特征影响的某项创新的接受及决策过程。在该理解中,创新采纳的对象是能够服务创新、提高相应溢价能力的各类资源,其形式并不拘泥于技术或产品,还可以是某项服务,抑或是某种管理理念。另外,该理解认为,创新采纳的主体具备多层次性,其采纳主体范围广泛,可包括个人、组织、企业以及政府间、国家间等国际社会的各类层面。但无论创新采纳涉及何等庞大、复杂的组织团体,最终都要归结于无数单个个体的决策取向与行为。与此同时,笔者认为,创新采纳在时空方面具备稳定的延续性与反复性,创新采纳的过程不仅包括采纳者对创新源的初次采纳,亦涵盖其对创新源的多次模仿性采纳及惯性采纳。此外,对创新采纳理论的运用,将结合创新拒绝共同推进研究,将二者作为不可分割的统一体,共同致力于企业创新采纳与决策研究。

企业创新采纳行为是一个长期而复杂的过程,在此期间诸多因素都将影响企业创新采纳的最终决策。作为企业创新采纳研究过程中最为常用的影响因素架构模型,技术—组织—环境模型(Technology-Organization-Environment Framework,简称 TOE 模型)于 1990 年由 Tomatzky 和 Fleischer 提出。该理论的核心观点是:企业创新采纳的影响因素可以划归为技术、组织及环境三个维度。具体来看,技术因素主要指拟采纳技术与企业已有技术在技术复杂性、难易程度、功能效用等方面的对比;组织因素是指采纳主体内部的组织状况,如规模、人员、管理组织结构类型与特点、已具备的技术资源条件等;环境因素更多地关注企业外部的社会资源、市场竞争、政府支持等。

中小企业的知识产权服务引入作为一种企业创新行为,其采纳意向影响机制及采纳对策问题研究亦可运用和参考较为成熟的 TOE 模型展开。与此同时,TOE 模型虽然在技术、组织、环境三个维度将创新采纳的影响因素分析得较为通透,整体构架相对系统、成熟,但该模型忽略了个体感知、认识和支持对创新采纳决策行为的主观作用。正如某一企业的创新行为决策离不开公司管理层多个主体的承诺与支持,事实上,企业创新采纳行为的主要影响因素,除去技术、组织、环境之外,创新采纳者的个人感知,尤其是企业重要个人的决策偏好、决策取向及决策行为亦会对最终的决策结果起到举足轻重的作用。由以上可知,创新采纳是指在创新过程中,关于个体感知同时受到创新源本身的风险性、盈利性、实用性、科学性、兼容性、有效性、可察性等特征影响的持续选择某项创新的接受及决策过程。其影响因素较为多元,权衡各因素的重要性,主要在于技术本身、内部组织、外部环境、个体感知四个方面。企业创新采纳主体相对多元,但无论创新采纳涉及何等庞大、复杂的组织团体,最终都要归结于无数单个个体的决策取向与行为。

四、顾客满意度理论

自 20 世纪 70 年代问世以来,顾客满意度理论一直都是国内外经济领域与质量管理领域的研究热点。追溯顾客满意度理论之源,Cardozo (1965)最先在一项关于"顾客投入、期望及满意"的实验研究中提出了顾客满意度的概念。自此,人们开始意识到满意度对顾客行为的影响和对企业经营的重要意义,进而促进了学界对顾客满意度形成、测量及其与顾客行为关系的探究。

在宏观经济领域,国民经济发展质量的测评一直是个难题,由于涉及多个部门、行业、企业的具有较大差异的产品和服务,难以综合形成较为统一的评价标准。随着顾客满意度指数理论的发展,研究者颠覆原有从产品和服务出发的评价思路,以终为始,转而尝试从接受者角度对产品或服务的体验进行质量评价,从而在公众满意度的层面上实现了不同产品或服务质量评价标准的统一。

最早的顾客满意度模型是 1989 年由美国密歇根大学 Fornell 教授及其团队构建的瑞典 SCSB 模型(Fornell,1992)。该模型包含五个结构变量,分别是:原因变量(感知质量、预期质量)、核心变量(顾客满意度)、结果变量(顾客抱怨、顾客忠诚)。瑞典 SCSB 模型在多个领域的应用取得了成功,也深远地影响了顾客满意度模型的发展。美国 ACSI 模型、欧洲 ECSI 模型以及我国 CCSI 模型,都是在瑞典 SCSB 模型基础上,结合各国实际构建形成的全国性顾客满意度指数模型。其中,最具代表性和影响力的是美国 ACSI 模型,如图 2.3 所示。

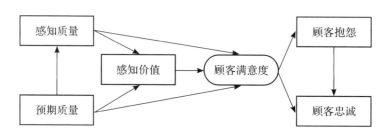

图 2.3　美国 ACSI 模型

ACSI 模型中五个结构变量呈现因果关系,三个前因变量(感知质量、预期质量和感知价值)影响顾客满意度,而顾客满意度又与后置结果变量(顾客抱怨和顾客忠诚)相联系。其中,预期质量是指顾客在实际体验之前,对产品或服务质量水平的预估,含有产品顾客化预期、产品可靠性预期及质量总体预期等观测变量,对感知质量和感知价值产生正向影响作用;感知质量指顾客在实际接受产品或服务后的体验和感受,含有个人需求感受、可靠性感受及整体感受等观测变量,对感知价值和顾客满意度产生正向影响作用;感知价值是指顾客在考虑支付价格的基础上,对产品或服务质量水平的评价,即利得还是利失,对顾客满意度产生正向影响;顾客满意度是指顾客对所接受产品或服务的直接感受,包含感知质量与预期对比、感知质量与期望对比以及整体等观测变量,对顾客忠诚产生正向影响作用,对顾客抱怨具有负向影响作用。

20世纪末,新公共管理运动方兴未艾,越来越多的市场理论方法被吸纳和运用到公共管理领域。虽然顾客满意度模型是建立在消费行为学基础上的数量经济模型,但其在公共服务满意度评估中的应用得到了学界的广泛认可。1994年,美国率先运用ACSI模型来测评公众对政府行政机构和公共部门的服务满意度,以提高公共服务水平,推进公共组织改革。公共服务具有公共品和服务的双重特性,其评价势必不能简单地等同于一般产品或服务。企业开展满意度研究的目的是通过提高顾客满意度实现效益增加。公共部门则是希望通过公众满意度测评,更好地匹配公众需求、提高公共服务质量,进一步优化公共服务供给以提高政府效能。由此,本书将借鉴ACSI模型的分析框架及其关键要素,并结合研究需要做合理化调整,对知识产权公共服务满意度问题展开分析。

第三章　中小企业知识产权公共服务供给与需求分析

第一节　我国知识产权公共服务供给的发展演进与政策考察

一、知识产权公共服务供给体系建设的历史沿革

（一）起步阶段（1978—2005 年）

在这一阶段，我国对知识产权的重视与日俱增，国家知识产权局（原中国专利局）持续修订和完善知识产权相关制度，努力发挥知识产权在促进创新和经济发展中的作用。该阶段的知识产权公共服务集中于信息化建设、专利文献服务、宣传、培训和学术活动等方面。这一时期，在信息化建设方面，着重于专利审查和信息传播，通过提高审查效率和质量来满足国家经济发展对专利审查工作的需求。在专利文献服务方面，主要体现为优化专利文献资源的配置，如为适应专利信息电子化与网络化发展的要求，重点对专利数据库进行开发，并开通专利全文网络查询系统，实现了在局域网上对美国专利全文的快速查询。在宣传方面，借助知识产权领域中有影响的大事要事，广泛开展知识产权宣传普及工作。如从 2001 年起，以"世界知识产权日"为契机，人民日报等主流媒体和地方政府在全国开展了系列知识产权宣传活动。在培训方面，组织指导开展了形式多样的培训工作，包括各省（区、市）的社会培训、系统内部专门业务培训、中

国知识产权培训中心的培训工作等。

在这一阶段,我国在知识产权公共服务领域积极探索,信息化建设不断取得进展,建设开通了专利电子申请系统、专利信息服务平台、全国专利管理信息平台等项目,在推动信息传播和运用方面进步明显。

(二)成型阶段(2006—2010 年)

在这一阶段,我国知识产权公共服务的能力和水平明显提高。2006年 4 月,国家知识产权局印发《知识产权事业发展"十一五"规划》,明确"要全面提升我国企业掌握和运用知识产权制度的能力和水平""加强知识产权工作综合能力建设,提供优质知识产权公共服务,培养一支宏大的知识产权工作队伍",首次正式提出了知识产权公共服务的概念。2008年,《国家知识产权战略纲要》颁布,明确了我国一段时间内知识产权公共服务的发展目标。这一时期,我国的知识产权公共服务集中在服务体系建设、信息化建设、文献资源建设、宣传、培训和学术活动等方面。

在服务体系建设方面,在《全国专利信息公共服务体系建设规划》的指导下,全面开展信息体系建设,建成服务于专利审批和检索的三大系统(E 系统、S 系统、D 系统)。同时,为配合实施我国的重点产业调整和振兴规划,正式启动建立重点产业专利信息应用工作合作机制。在信息化建设方面,随着全国专利管理信息平台、培训综合管理系统、财务信息管理系统等系统的建成,我国知识产权管理的信息化水平进一步提高。与此同时,数据资源建设工作全面展开,数据加工及数据标准制定工作稳步推进,数据质量检测体系初步形成,数据质量不断提高。在文献资源建设方面,国家知识产权局文献资源获取渠道不断拓宽,收集工作的科学性进一步提高,资源涵盖范围进一步扩大。如 2010 年在上海建设开通的知识产权公共服务平台,集合了全球近九成的专利文献数据,大大提高了对各类专利文献需求的服务能力。在培训、宣传和学术活动方面,除了继续利用"世界知识产权日"进行系列宣传与学术讨论活动以外,对知识产权培训的教材和师资建设也取得进展,编写完成了《专利信息技能知识培训教材》和《专利信息应用知识培训教材》,建立了专门的培训师资人才库。"尊重知识、崇尚创新、诚信守法"的知识产权文化理念开始被社会认同,知识产权文化环境得到有效改善。

（三）提速阶段（2011—2015 年）

在这一阶段，根据国务院发布的《关于加快发展高技术服务业的指导意见》《服务业发展"十二五"规划》《关于加快科技服务业发展的若干意见》等文件的指导和要求，相关部门和地方政府加大了对知识产权公共服务的推进力度和实施力度。

2011 年，国家知识产权局明确了建立全国专利信息传播利用的宏观管理与业务指导体系的任务目标，推进实施全国专利信息传播利用基地工程。同年，国家知识产权局启动了专利审查协作江苏中心、广东中心及中山知识产权维权中心的信息化建设工作，开启了跨地域审查服务模式；启动了实用新型和外观设计智能审查研发与试点工作，为开展快速授权业务创造了条件。另外，启动专利信息应用优势行业协会的培育，确定了中国石油和化学工业联合会等三家协会作为首批培育对象。2012 年，"文献资源综合管理平台"投入运行，该平台整理了近 300 种文献资源，进一步优化了知识产权文献资源的管理。为了更好地推进专利信息公共服务工作，确定北京知识产权局、江苏知识产权局、山东知识产权局、四川知识产权局等为首批专利信息传播利用基地单位；在全国范围内确定专利信息领军人才、专利信息师资人才，建立专利信息人才培训工作档案，进一步加强人才培养。另外，继续组织实施专利信息应用优势行业协会培育工程，完善行业协会的专利工作体系、制度、人才建设。2013 年，在保障专利电子审批系统、专利检索系统等重要系统平稳运行的基础上，积极推进智能审查系统建设，支持专利审查协作中心筹建。进一步深化全国专利信息公共服务体系建设；在辽宁、天津、上海、浙江、安徽、重庆、湖南等七个地区设立专利信息传播利用基地，完成对主要经济区域的基地布局。2014 年，通过支持发展具有区域性特色的信息服务，推进知识产权信息帮扶和重点产业创新试点等，加快了对服务体系的建设。2015 年，大力推广《企业专利信息利用工作指南》和《专利文献信息服务指南》，推进专利信息工作的标准化、规范化建设；进一步扩大专利基础数据开放范围，对专利数据信息进行加工，确保数据的完整性、准确性和时效性；围绕重点产业领域,进行专利信息分析发布和知识产权分析评议。

在这一阶段,我国知识产权公共服务聚焦基础信息的开放、共享,基本建成了全国专利信息公共服务体系;国家知识产权局主导建设的部分知识产权信息公共服务平台实现检索等服务功能;在相关知识产权公共服务平台建设过程中,积极探索"政府搭台,企业唱戏"模式,使企业能够在公共资源平台上开展相关活动。此外,通过增进知识产权信息资源的开放共享,进一步冲破了信息壁垒,降低了中小创业者的信息获取成本,完善了知识产权公共服务平台的价值和效用。

(四)新发展时期(2016 年以来)

《"十三五"国家知识产权保护和运用规划》明确了知识产权公共服务在国家知识产权战略中的重要地位,提出了建成便民、利民知识产权信息公共服务平台的任务目标。随后,国家知识产权局专利文献部、自动化部等部门推出了提升知识产权公共服务水平的相关措施。例如,推进快速维权中心信息化建设工作,通过优化业务流程支撑专利代办处开展快速维权服务;开通专利事务服务系统手机 App,探索基于互联网的便捷服务;进一步强化专利信息传播利用基地的能力建设,开展基地综合能力培育、专利帮扶、企业信息能力建设、专利信息利用与专利运营等 26 个项目,覆盖 22 个省(区、市)。同时,继续推进地方专利检索及信息系统试点,认定专利服务网点 120 余家,实现专利服务全国覆盖,形成了提供专利文献支持、专利信息咨询、公共教育等基础公共服务的网络体系。在新一轮机构改革中,国家知识产权局对内部组织结构进行了重构,实现专利、商标、地理标志、集成电路布图设计等知识产权的集中统一管理。2018 年,重新组建的国家知识产权局增设公共服务司,负责组织实施全国知识产权信息公共服务体系和信息化建设。

"十三五"以来,以"构建便民、利民的知识产权公共服务"为目标,我国知识产权公共服务发展速度明显加快,但在服务体系与机制以及知识产权"全链条"支撑作用等方面,还有待继续探索和加强。

二、知识产权公共服务相关政策

在党中央领导下,我国知识产权服务政策体系基本形成,知识产权在国家治理、经济发展中的作用日益凸显。自 2008 年发布《国家知识产权战略纲要》(以下简称《纲要》)以来,我国知识产权事业作为一项国家战略融入宏观部署,取得了长足的发展,逐渐成为推动我国经济高质、快速发展的强劲支撑。《纲要》提出"把我国建设成为知识产权创造、运用、保护和管理水平较高的国家"的目标,对知识产权服务体系的发展进行了规划,在我国知识产权事业的发展进程中具有里程碑意义。2009 年,国务院发布《关于进一步促进中小企业发展的若干意见》,提出加快中小企业技术进步和结构调整、改进中小企业服务、缓解融资困难等八个方面的具体意见,对面向中小企业的知识产权公共服务也多有涉及。2012 年,《服务业发展"十二五"规划》将知识产权服务明确归类为高技术服务业,把知识服务体系列为支撑现代服务业发展的重要力量之一,并提出了建立健全公共信息服务平台、知识产权预警机制、知识产权纠纷处理机制等工作任务。2014 年,国务院印发《关于加快科技服务业发展的若干意见》,明确指出发展知识产权公共服务、提升知识产权服务水平、构建全链条知识产权服务体系、开发知识产权信息资源、成立知识产权服务联盟等是现阶段主要工作任务,要围绕科技创新,进一步推进我国知识产权服务发展。2015 年,为贯彻落实《国家知识产权战略纲要》和《关于加快发展高技术服务业的指导意见》,进一步明确了知识产权公共服务的重点发展领域、主要工作任务及措施。值得一提的是,专门针对中小企业知识产权服务的政策与实施文件也相继出台,如《中小企业知识产权战略推进工程实施方案》《关于全面组织实施中小企业知识产权战略推进工程的指导意见》《关于加强知识产权质押融资与评估管理支持中小企业发展的通知》《关于知识产权支持小微企业发展的若干意见》《关于健全支持中小企业发展制度的若干意见》等,持续优化中小企业创新环境。2008—2019 年,国务院及各部委发布的与中小企业知识产权相关的政策详见表 3.1。

表 3.1　2008—2019 年相关政策

年份	名称	发文机关
2008	《国家知识产权战略纲要》	国务院
2009	《关于进一步促进中小企业发展的若干意见》	国务院
2011	《关于加快发展高技术服务业的指导意见》	国务院
2014	《关于加快科技服务业发展的若干意见》	国务院
2014	《关于扶持小型微型企业健康发展的意见》	国务院
2014	《深入实施国家知识产权战略行动计划（2014—2020年）》	国务院
2015	《关于新形势下加快知识产权强国建设的若干意见》	国务院
2016	《国家创新驱动发展战略纲要》	中共中央、国务院
2016	《"十三五"国家知识产权保护和运用规划》	国务院
2019	《关于强化知识产权保护的意见》	中共中央、国务院
2019	《关于促进中小企业健康发展的指导意见》	中共中央、国务院
2009	《关于实施中小企业知识产权战略推进工程实施的通知》	国家知识产权局
2009	《关于加强知识产权质押融资与评估管理支持中小企业发展的通知》	财政部等七部委
2009	《关于进一步加大对科技型中小企业信贷支持的指导意见》	银监会、科技部
2011	《中小企业集聚区知识产权托管工作指南》	国家知识产权局、工业和信息化部
2013	《工业企业知识产权管理指南》	工业和信息化部
2014	《关于知识产权支持小微企业发展的若干意见》	国家知识产权局
2014	《关于知识产权服务标准体系建设的指导意见》	国家知识产权局等
2015	《关于进一步推动知识产权金融服务工作的意见》	国家知识产权局
2015	《关于加快培育和发展知识产权服务业的指导意见》	国家知识产权局等
2015	《关于进一步加强知识产权运用和保护助力创新创业的意见》	国家知识产权局等
2015	《企业知识产权管理规范》	国家知识产权局等

续表

年份	名称	发文机关
2016	《促进中小企业发展规划(2016—2020 年)》	工业和信息化部
2016	《关于进一步推进中小企业信息化的指导意见》	工业和信息化部
2016	《关于全面组织实施中小企业知识产权战略推进工程的指导意见》	国家知识产权局、工业和信息化部
2017	《国家中小企业公共服务示范平台认定管理办法》	工业和信息化部
2017	《深入实施国家知识产权战略加快建设知识产权强国推进计划》	中共中央组织部、国家知识产权局
2019	《关于新形势下加快建设知识产权信息公共服务体系的若干意见》	国家知识产权局
2019	《关于新时期支持科技型中小企业加快创新发展的若干政策措施》	科技部

通过表 3.1 可以明显看到国家聚焦中小企业创新、重视中小企业知识产权建设的趋势。近年来,在面向中小企业的知识产权公共服务建设上,出台的政策主要集中在以下方面。

(一)服务体系搭建

工业和信息化部先后出台多个政策促进中小企业公共服务平台建设和培育,强调积极运用现代信息技术创新服务模式,为中小企业发展创新提供更为全面高效的配套公共服务保障。例如,搭建跨部门的中小企业政策信息互联网发布平台,及时汇集涉及中小企业创新创业、财税金融、权益保护的各类政策和政府服务信息,实现中小企业政策信息一站式服务;提倡发挥中小企业公共服务平台网络的骨干架构作用,组织社会化中小企业服务机构的力量,引导各领域优质服务机构在平台网络聚合,规范中介机构行为,提升中介服务质量,优先为中小企业提供优质高效的信息咨询、技术支持、投资融资、法律咨询等服务。

国家知识产权局也在持续加大中小企业知识产权公共服务力度,开始建设与国家知识产权运营平台体系融合发展的多功能综合性中小企业知识产权公共服务平台。

（二）知识产权保护

组织实施中小企业知识产权战略推进工程，开展专利导航工作，助推中小企业技术研发布局，推广知识产权辅导、预警、代理、托管等服务。完善中小企业维权援助工作机制，强调对重点领域和关键环节的专利保护，有针对性地加大知识产权保护执法力度。运用互联网、大数据等技术，通过源头追溯、实时监测、在线识别等手段强化知识产权保护，加快建立侵权惩罚性赔偿制度，提高违法成本，保护中小企业创新研发成果。

（三）知识产权融资

完善知识产权质押融资风险分担补偿机制，发挥知识产权增信增贷作用。引导金融机构对小微企业发放中长期贷款，开发续贷产品。支持利用资本市场直接融资。鼓励地方知识产权运营基金等专业化基金服务中小企业创新发展。对存在股票质押风险的企业，要按照市场化、法治化原则研究制定相关过渡性机制，根据企业具体情况采取防范化解风险措施。

从整体来看，中小企业知识产权公共服务相关政策主要来自国务院、工业和信息化部、国家知识产权局等机关部委。其中，工业和信息化部制定的各类关于促进中小企业发展的政策中会涉及知识产权服务的内容；国家知识产权局则是从知识产权建设管理的角度，在政策制定与实施中涉及中小企业这一服务对象。但从政策发布的渠道和内容来看，专门面向中小企业知识产权公共服务建设的政策存在数量不足且零散、多部门交叉、缺乏统筹等问题，很多服务项目尚处于鼓励和引导的探索阶段，有待进一步优化。

三、知识产权公共服务建设主要成效

根据中央文件《国家知识产权战略纲要》《关于进一步促进中小企业发展的若干意见》等的部署指导，面向中小企业创新，国家知识产权局与地方政府等各级管理部门积极推进和落实知识产权公共服务建设工作，取得了一定的成效。

（一）知识产权战略推进工程深入实施

2009年12月，我国中小企业知识产权战略推进工程启动，分批次先后在全国20个城市（含35个中小企业集聚的园区）实施工程试点，通过知识产权托管等方式，开展知识产权宣传、培训、自主知识产权优势企业培育工作，帮助中小企业提升创新能力。工程试点以来，很多中小企业实现了专利申请零的突破，集聚区有专利申请的中小企业达到企业总数的40％以上，专利申请年均增速达54％，专利授权增速也超过30％。2019年《中小企业高质量发展现状调研报告》显示，中小企业贡献了超过50％的发明专利与新产品开发。截至2019年底，在全国169个高新技术园区中，中小企业占比超过八成，科技型中小企业超过15.1万家。值得注意的是，科技型中小企业对产业发展的支撑作用开始凸显。

（二）知识产权金融服务体系加快构建

资金短缺是制约中小企业创新的瓶颈因素之一。2008年以来，我国通过开展知识产权质押融资与评估、专利保险等多项试点，强化政府与银行、保险机构的合作互动，推进专项金融服务产品的开发，帮助中小企业拓展融资渠道、降低创新成本和风险。国家知识产权局统计结果显示，截至2019年底，全国专利和商标质押融资总额超过1500亿元，同比增长超过20％，版权质押担保金额超过70亿元，数万家中小企业的融资难题得到解决。

（三）知识产权维权援助体系更加健全

针对中小企业知识产权保护能力普遍较弱、维权困难的现实情况，自2007年始，我国加大了对知识产权维权援助服务的建设力度。截至2021年底，全国已建成76家知识产权维权援助中心和20家快速维权中心，并建成"12330"知识产权公益热线及网络平台，提供案件受理、决策支撑等多项服务功能，可以帮助中小企业进行知识产权保护、知识产权纠纷处理，维护其合法权益。随着我国中小企业更广泛、深入地参与国际市场竞争，海外知识产权纠纷频发，涉外知识产权援助需求增加。为帮助中小企业更好地"走出去",相关部门正积极推动中小企业海外专利获权、专利布局指导等帮扶工作。

（四）知识产权专业人才培养量质齐升

知识产权意识淡薄、人才匮乏,是制约我国中小企业创新发展的主要原因。为此,"国家中小企业银河培训工程""中小企业知识产权战略推进工程"等都将知识产权意识增强、保护能力提高作为重点内容,依托国家知识产权培训基地,通过知识产权培训服务托管等方式,为中小企业经营者与技术人员开展不同层次、不同类型的知识产权教育培训,提高中小企业知识产权保护意识与管理能力。2013年底,我国在广州设立专门面向中小微企业的知识产权培训基地,旨在通过知识产权人才储备、知识产权素质技能提升等,促进中小企业知识产权转化、应用能力的提升。

根据国家知识产权局发布的《2019年中国专利调查报告》,大、中、小、微型企业认为国家知识产权战略可以促进经济增长的比例分别为73.1％、71.9％、70.8％、68.6％;认为可以促进科技创新的比例分别为77.7％、73.3％、72.3％、72.2％（见表3.2）。可以看出,我国中小企业的知识产权意识与大型企业差距较小,微型企业的知识产权意识则有待进一步增强。

表3.2　不同规模企业认为国家知识产权战略存在积极影响的比例

（单位:％）

指标	大型企业	中型企业	小型企业	微型企业	规模未明	总体
促进经济增长	73.1	71.9	70.8	68.6	65.1	70.3
提升综合竞争力	82.3	77.7	75.5	74.0	62.8	75.2
促进就业	31.4	32.4	31.9	31.0	30.7	31.7
促进科技创新	77.7	73.3	72.3	72.2	65.6	72.4
其他	0.3	0.1	0.4	0.3	1.3	0.4

第二节　中小企业知识产权公共服务需求分析

一、中小企业知识产权建设问题考察

(一)知识产权创造能力不足

专利研发及成果产业化的能力是企业发展的核心竞争要素之一。改革开放以来,我国中小企业在数量、规模上都取得了跨越式发展,对国家经济发展、社会稳定的贡献持续增强。但是,我国中小企业的成长历程,也是资源消耗巨大、粗放低效经营、低技术创造的发展之路。相当高比例的中小企业尚未具备进行自主技术开发的能力,创新发展转型的阻力重重。另外,中小企业经营者普遍缺乏对创新的科学认知,对企业创新的资源投入非常有限,制约了企业创新活动的开展和成果产出。根据中国电子信息产业发展研究院发布的《2018—2019 年中国中小企业发展蓝皮书》,我国中小企业的专利持有数量相对较少,进而限制了其市场开拓能力和竞争能力的提升,不利于中小企业的长远发展。

(二)知识产权管理体制机制不健全

在当下现实情况下,大多数中小企业没有设立专业部门、专业人员对知识产权进行专门管理,知识产权管理制度的规范性与完备性不足,即使有也多为兼职管理而非专职,导致中小企业知识产权管理工作的专业性不足。另外,知识产权专业人才缺乏、企业资金有限、经营者知识产权管理意识不强等主客观原因,也制约了中小企业知识产权管理水平和能力的提升。虽然一些中小企业意识到要对知识产权成果和活动开展等进行管理,但在管理规范性、科学性、完备性等方面还有较大不足。很多企业虽已形成知识产权管理制度,但仅限于文本层面,在实施操作层面未被严格遵照执行,随意性大,使得企业的制度建设流于形式,没有真正发挥对企业知识产权活动流程、成果权利界定与利益分配、奖惩等的规范指导作用。

（三）知识产权经营成效不高

知识产权的交易、转让等环节构成了复杂的知识产权经营活动,其中知识产权价值评估是重要环节。知识产权价值评估一直是理论界和实务界关注的问题,也是一个难点问题。一方面,知识产权的价值评估不仅对专业性要求高,其价值还受市场需求等多方面因素的影响,评估结论往往见仁见智;另一方面,知识产权价值存在波动性,如可替代技术或其他新技术的出现均可能导致产权价值贬值。因此,在知识产权经营的关键环节上还存在非常多的现实阻碍,导致知识产权通过市场流转等经营手段实现价值遭遇困难。中小企业大多未建立系统的知识产权管理制度和战略规划,具备的知识产权运营经验和能力比较有限,无法完全实现对知识产权价值评估、价值波动、价值稳定性等的把控和预判。再加上我国的知识产权运营市场规范性不足,中小企业大多把注意力放在知识产权的获权上,而不是通过有效运营实现所持知识产权的价值最大化。这也导致中小企业对知识产权价值的开发、利用及获益不充分,进而导致其新一轮创新的驱动力不足。

（四）知识产权主动维权能力较弱

知识产权的排他性是对创新成果保护的集中体现,也是对创新的有效激励。中小企业在知识产权保护方面,主要面临如何有效获权与维权、避免侵权等两个方面的问题。一方面,中小企业较多缺乏对知识产权的保护意识。中小企业对创新成果产权化的价值功能及重要性的认识严重不足,忽视了对专利、商标等无形资产的投入,导致中小企业对专利技术、商标等竞争优势的保持机制脆弱。部分中小企业虽然有商标申请和保护意识,但没有掌握商标的综合运用方法,对如何预防被侵权、发现被侵权以及维权等知之甚少,没有真正发挥知识产权对自身利益的保护作用。另一方面,一些中小企业管理者清楚地知道企业某些行为侵犯了他人的知识产权,但仍抱有侥幸心理。在通过技术模仿、产品复制等侵权手段短期获利后,仍不能沉下心来开展自主研发,或通过合作研发、技术引进等方式提升自身竞争力,宁可冒着巨大的法律风险走捷径。随着国内知识产权法制建设的不断完善,以及"走出去"拓展国际市场的大趋势,我国中小企业必须清醒地认识到侵犯他人知识产权的危害,约束自身行为,以更长远的眼光努力打造和保护自有知识产权。

(五)知识产权信息资源获取意识和利用能力较弱

知识产权专利文献等信息不仅是对已有知识产权成果的展现,更是服务和指导未来创新的重要资源。一方面,通过对已有知识产权信息的查询和分析,创新主体可以有效规避重复创新以及可能的投入损失,掌握产权分布态势,发现还未被产权化的领域,指导未来创新方向与知识产权战略布局;另一方面,知识产权信息是对创新成果的集中呈现,包含大量的知识、技术信息,可以为创新主体的新技术开发等创新活动奠定良好的基础,帮助创新主体大大节省研发时间和费用等成本支出。然而,多数中小企业缺乏对知识产权信息资源功能价值的深刻认识,更没有掌握知识产权信息查询收集、分析、评估等资源利用技能,致使其在知识产权信息资源的有效利用方面存在严重不足。这一问题的直接后果就是,我国中小企业的创新活动普遍存在重复研发多、浪费严重、研发成本高、研发战略不严谨等问题。

二、知识产权公共服务主要内容

(一)信息检索与分析

知识产权信息指的是与知识产权内容相关的信息,如各类专利、著作、商标的权利人、权利状态等能体现知识产权主客体、相关经济法律及技术特征的信息。政府向社会提供知识产权信息检索及分析等公共服务,以便满足各类创新主体对知识产权信息的公共需求。近年来,以政府为主导,各类知识产权信息公共服务平台的搭建工作已初显成效。例如,据 2009 年发布的《全国专利信息公共服务体系建设规划》,我国已经基本建成以国家专利数据中心为顶层、五个区域专利信息服务中心为中间层、地方专利信息服务中心为底层的三级专利信息公共服务体系(如图 3.1

所示）。该系统拥有较为丰富的专利信息资源及信息分析工具,面向各企事业单位和社会公众提供专利检索服务,以及相对基础的专利分析服务。同时,中小企业信息化进程不断加快,通过建设中小企业信息服务系统等方式,不断提升面向中小企业的信息供给能力和信息化水平。

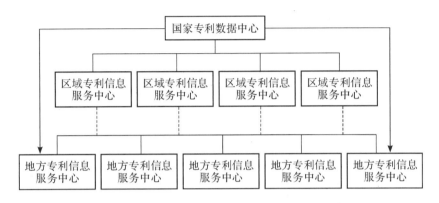

图 3.1　三级专利信息公共服务体系框架

（二）知识产权教育培训

知识产权教育与公众知识产权意识培养、知识产权人才储备、知识产权文化塑造、创新主体知识产权能力提升等直接相关,是一种具有长效性的基础知识产权公共服务。我国知识产权公共服务在教育培训方面主要包含以下内容:一是面向普通人群,进行知识产权知识普及,比如在义务教育阶段学生中进行的知识产权基础教育、各类知识产权相关知识宣传等;二是面向各类企事业单位和社会组织的工作人员,尤其是需要具备某些知识产权知识、技能的人员,开展各类培训工作;三是面向知识产权服务行业人力资源储备,通过高等教育、各类从业资格培训与认证等方式加强知识产权专业人才队伍建设。在面向中小企业的知识产权教育方面,较为典型的是"国家中小企业银河培训工程"(以下简称"银河工程")。"银河工程"将知识产权专题作为重点内容,依托国家知识产权培训基地,为中小企业经营者与技术人员开展不同层次、不同类型的知识产权教育培训,旨在帮助中小企业提升对知识产权的认识与管理能力。

（三）知识产权商业利用

知识产权只有通过商用化才能有效地保值、增值，实现创新驱动的功能。知识产权商用化服务一般包括知识产权的评估、价值分析、交易、转化、质押、投融资、运营、托管等。其中，知识产权交易服务和相关商用化服务是我国知识产权公共服务的重点内容。针对知识产权交易的公共服务主要以交易平台为载体，畅通知识产权的交易渠道，让知识成果通过市场流转实现合理配置、价值发挥。从现有大多数知识产权交易平台的做法来看，知识产权交易方式主要有两类：一是卖方在平台展示和挂售有意转让的专利、商标等知识产权；二是买方在平台发布知识产权需求，如企业生产所需的某项关键技术、解决方案等。在知识产权金融服务方面，政府着力推进知识产权价值评估、质押融资及担保规则建设等工作，拓宽创新主体的融资渠道，毕竟资金困难是普遍制约中小企业创新发展的难题。2010年，国家发布《关于加强知识产权质押融资与评估管理支持中小企业发展的通知》，强调并部署了面向中小企业知识产权金融服务工作的重点方向。自2008年起，我国先后在上海、南京等城市开展知识产权质押融资试点工作，目前已经实现对31个省（区、市）的知识产权融资服务全覆盖，并着力打造国家知识产权投融资综合试验区，不断完善中小企业创新金融支撑体系。

（四）司法鉴定和维权援助

知识产权公共服务还包括司法鉴定和维权援助，这两项服务主要是为了妥善解决各类知识产权使用、流通过程中的纠纷。其中，司法鉴定服务是通过各种技术分析手段对存在争议的知识产权技术问题出具鉴定结论，为公平解决知识产权纠纷提供可靠依据。在各级政府与主管单位牵头下，各省市及科研单位基于本区域产业分布与鉴定资源情况成立了一些司法鉴定中心，如上海市知识产权服务中心、中国电子信息产业发展研究院、山东知识产权司法鉴定中心等。知识产权维权援助服务主要是指对知识产权纠纷中维权困难的知识产权事项利益相关主体进行援助。自2007年推进知识产权维权援助服务以来，全国已设立了112家知识产权保护中心和快速维权中心,并建成"12330"知识产权公益热线及网络平台,可提供案件受理、决策支撑等多项服务,向社会公众和权利人提供处理知识产权疑难、纠纷的服务渠道。限于自身能力和资源,中小企业在知识产权的权益维护方面较为弱势,极易发生知识产权纠纷。因此,我国知识产权援助服务的一个重点就是帮助中小企业进行知识产权保护、知识产权纠纷处理,维护其合法权利。例如,为帮助中小企业"走出去",相关部门正积极推动中小企业海外专利获权、专利布局指导等帮扶工作。

第三节　域外国家中小企业知识产权公共服务实践与经验启示

一、部分发达国家知识产权公共服务实践

(一)美国知识产权公共服务实践

美国是知识产权制度建设最早的国家之一。20 世纪 80 年代,为了促进国内产业结构调整,美国开始实施知识产权发展战略。同时,通过建立健全知识产权相关法律体系、公共服务体系、科技创新资金支持机制,为战略实施提供保障。2011 年颁布实施的《莱希-史密斯美国发明法案》,是对原专利体系的进一步改革,内容包含调整简化申请程序、审查程序,降低诉讼和专利费用等,使得专利服务更为便捷。自 2010 年开始,美国专利及商标局(United States Patent and Trademark Office,USPTO)将重点战略目标确定为优化专利与商标的质量和时限、改善全球知识产权政策及法律保护环境,由此采取了一系列措施:一是通过培训、招聘等人力资源管理手段,加强对审查人队伍的服务能力建设,继而提高审查服务的质量和效率;二是在专利审查周期的优化过程中,充分考虑知识产权相关各方的诉求,以保证利益均衡和公平;三是继续推进 PCT、全球案卷

等项目,不断深化专利信息在全球范围内的共享、合作;四是改进专利申请与审查过程跟踪系统的各类测量、评估指标,以更科学地反映专利质量;五是对信息检索的后台系统进行设计和技术上的重构,为用户提供更加准确、透明的信息检索、分析服务;六是面向公众和各服务需求主体开展形式多样的宣传推广活动,促进新服务技术的应用。在面向中小企业知识产权的公共服务建设上,重点对中小企业的知识产权创造和转化环节进行支持,其中较为成功的政策、项目有以下几种:

一是公益援助项目。美国专利及商标局与地方非营利性组织及律师协会合作,无偿为存在资金困难的中小企业提供专利审批过程中所需的各种服务,保护中小企业的创新成果。

二是高校诊断协助项目。美国专利及商标局联合 46 所高校的法学院,向中小企业提供专利、商标申请等方面的协助服务。中小企业可以向政府提出服务申请,然后由高校法学院指派学生全程协助企业开展专利、商标申请。这个项目有效借助了高校的专业与人力资源,使得中小企业可以获得专业、免费的知识产权服务。

三是专利申请助理项目。美国专利及商标局组建了一个协助专利申请的助理团队,可以对专利申请中的各类问题进行快速响应和答疑,指导申请人顺利完成申请流程。也就是说,中小企业可以不聘请专利代理人,而是在申请助理的帮助下,自主完成申请,以节省专利申请开支。

四是 NASA 技术转让项目。美国国家航空航天局(National Aeronautics and Space Administration,NASA)面向存在资金困难的中小企业免费提供上千项专利和技术许可证,以帮助其创新产品、开拓市场。并且,如果需要,NASA 还可以为申请企业提供设备和技术指导方面的支持。

五是信用担保项目。美国联邦中小企业局(Small Business Administration,SBA)以发行政府债券的方式募集资金,然后将这些资金投放给符合条件的中小企业,支持其创新。

(二)日本知识产权公共服务实践

日本是实施知识产权战略最成功的国家之一,其知识产权战略与科技进步、文化教育、产业发展等政策深度融合,形成了良性循环的知识产权生态系统。为应对全球经济与科技发展的变革,日本政府不断对知识产权战略进行调整,提出知识产权的数字网络环境优化、产业软实力增强、全球性制度建设、企业管理能力提升是未来十年的重点。作为实施知识产权战略已达半个多世纪的国家,日本积累了较为完善的中小企业知识产权服务基础,发展形成了由政府、金融机构、科研院所、行业团体及其他社会中介紧密合作、协调互补的中小企业知识产权公共服务网络。从知识产权公共服务体系的结构来看,日本实行从国家到地方区县的三级服务体系,通过在每个层级设置综合支援柜台,面向中小企业提供知识产权咨询、专家派遣等"一门式"公共服务,解决它们在知识产权活动中的各种顾虑、困惑及挑战。同时,在面向中小企业的知识产权创造服务及金融支持服务等方面,日本政府也有诸多成功探索和实践经验,主要体现在以下五个方面。

一是加强对专利信息的有效利用。支持中小企业对现有专利等知识产权信息进行分析,通过帮助中小企业有效利用信息分析结果,促进其研发战略、资金投入的合理规划。

二是为海外扩张提供环境保障。日本政府通过海外专利申请费用补贴、法律援助等方式,支持中小企业海外获权、用权,帮助中小企业取得国际竞争优势。同时,日本特许厅还组织具有海外知识产权战略实施经验的企业专家及知识产权评估专家,为日本中小企业全球扩张提供知识产权战略方面的咨询指导服务。

三是畅通知识产权评估、融资渠道。日本政府建立了较为完善的知识产权评估、质押融资服务体系,尤其是具有公信力的知识产权评估支持,破解了知识产权融资中的质押物价值评估难题。中小企业向政府提出申请后,政府会组织第三方专家团队进行知识产权价值评估,并出具评估报告。之后,金融机构参考这份评估报告,判定是否提供及提供多大数额的资金支持。

四是大力扶持有创新潜力的中小企业。横滨市联合专门服务中小企业的金融机构——日本商工组合中央金库,面向其行政管理辖区内的中小企业启动名为"知识产权未来公司"的项目,通过认证的中小企业可以分别获得 5 年期 5000 万日元的运营资金和 10 年期 1 亿日元的设备基金贷款,以及知识产权咨询费、新市场拓展经费补贴等。

五是调动和利用好大型企业的知识产权资源。由近畿经济产业局执行的"Chizai 商业配对"项目和大阪商会等支持的"MoTTO PLUS"项目都运行得比较成功。这两个项目都是将大型企业闲置的专利技术向中小企业开放许可,帮助中小企业进行新产品、新技术、新市场的开发,同时也可以避免大企业的知识产权资源浪费。当然,这些中小企业需要经过近畿经济产业局、大阪商会等组织部门的审查,以及专利许可授权大企业的评估,以确保之后合作与商业化的成功。

(三)韩国知识产权公共服务实践

20 世纪五六十年代,韩国通过借鉴日本和美国的经验,建成了较为完整的知识产权法律体系。为了适应发展趋势和国际惯例,韩国政府在八九十年代多次对《版权法》《商标法》《特许法》《防止不正当竞争法》等知识产权相关法律进行调整和修改,不断拓展法律条款的保护范围,完成了对原知识产权法律体系的现代化。为了更好地激励创新,韩国政府还出台了多部促进发明创造、技术产业化的法律,如《研发促进法》《发明促进法》《技术转让促进法》等。近年来,韩国政府也在不断地对本国产业结构进行优化,相应产业政策随之变化。韩国知识产权局负责推进和调整知识产权战略,以配合和帮助产业政策实施。如 2013 年,韩国知识产权局制定了涵盖知识产权生态系统建设、人才培训、管理改革等五个方面的措施,以服务韩国向创意经济过渡的战略调整。韩国的知识产权公共服务不仅与产业政策配合紧密,还非常注重服务对象的需求,具有"客户导向"特色,内容包括知识产权信息服务、审查服务、咨询援助服务、资金支持及补偿等,积极为中小企业创新营造良好的知识产权开发、保护及应用环境。经梳理,韩国知识产权公共服务中主要有以下比较有特色的服务做法、服务项目。

一是知识产权信息和审查服务。韩国政府致力于向中小企业提供内容丰富、多元、高效的知识产权信息服务。如客户专利地图项目,就是专门针对中小企业普遍对专利信息利用有限以及偏远地区服务资源不足等情况,提供基于专利分析的趋势预测、风险规避、研发方向确定等知识产权战略服务及经费资助。根据对 2013 年接受该服务项目的中小企业的跟踪,在该项目的帮助下,这些企业的专利申请数量转之前增长了 50%,研发投入增长了 25%。同时,韩国还特别注重对知识产权信息服务进行宣传,远程咨询、动员助理等方式被中小企业广泛使用。另外,韩国知识产权局通过升级后台 IT 技术、优化审查员数量等方式,大大提高了本国的专利质量和审查效率。并且,韩国审查服务"客户导向"特色明显,主动服务、主动提醒、主动交流,将服务环节和流程进行合并优化,确保中小企业需求得到满足。

二是知识产权咨询服务。韩国知识产权局联合韩国企业联盟、律师协会、大企业及志愿者面向中小企业等知识产权弱势群体,提供知识产权的信息共享、战略咨询、管理咨询等服务,引领中小企业有效利用创新资源。另外,韩国还实施助推产学联盟的专家指导项目。韩国政府将有经验的知识产权管理专家派遣到高校及科研机构,专家除了面向研究人提供专利申请、获权等一般咨询服务,还会对研究项目进行潜力评估和商业化指导。对有潜力的研究,韩国政府会提供从战略制定到成果产业化的全程援助支持,帮助中小企业顺利完成技术需求对接,一定程度上解决了技术市场失灵的问题。

三是资金支持与补偿机制。韩国知识产权局和韩国地方政府共同设立了一项获权支持基金,资助因资金困难难以获权的中小企业或个人发明者。在具体执行上,首先,该基金会委派第三方知识产权评估机构就申请进行专利技术、产业化可行性等评估,根据授权率为通过评估的中小企业提供经费资助。其次,专门面向知识产权服务资源不足的欠发达地区,这些地区的中小企业可以获得知识产权咨询服务支持,以缩短其与发达地区企业在知识产权上的差距。最后,韩国政府设计了一套知识产权赠与和回馈机制,类似美国 NASA 的做法,政府通过税收减免鼓励大企业和发明人将闲置的专利赠与有需要、有意向产业化的中小企业,如果中小企业后续盈利,则须从获利中拿出一部分回馈给专利的赠与者作为补偿。这一机制的运行,实现了专利流转双方的共赢,也更大程度地激活和利用了已有专利资源。

（四）新加坡知识产权公共服务实践

根据近几年世界经济论坛（World Economic Forum，WEF）发布的《全球竞争力报告》，新加坡在知识产权保护方面一直处于亚洲顶尖水平，世界排名仅次于美国。新加坡国土面积小、人口少且资源匮乏，经济发展主要依赖外部市场，是典型的外向型经济。因此，新加坡政府在知识产权制度建设上非常重视与国际接轨，形成了能够较为完备和高效地对接国际规则的法律体系。新加坡的知识产权保护非常全面，涵盖专利、商业秘密、商标、集成电路、注册设计、版权、植物品种等多项内容，且大多有专门的单项法如《版权法》《注册工业品外观设计法》《集成电路布图设计》《专利法》等予以详细规定和保护。利于营商的国际化知识产权制度环境成为新加坡吸引外商研发投资的强劲因素，也成为驱动其国内企业创新的重要力量。从 2013 年开始，新加坡政府启动将新加坡打造成亚洲的全球知识产权中心的十年计划，包括建成优质知识产权申请、产权管理与交易、纠纷处理等三个方面的国际中心。

新加坡政府非常重视引领本国企业的创新发展和海外扩张，并在面向中小企业的知识产权公共服务方面制定了一系列举措，值得学习和借鉴。

一是知识产权人力资源和能力建设。打造亚洲的全球知识产权中心需要大量的专业人才作为基础保障。为此，新加坡知识产权局从 2013 年起，投入大量财政经费用于知识产权人力资源和能力建设，形成了较为完整的知识产权培训体系和"职业能力框架"，为新加坡知识产权人才培养和职业能力提升确定了指导方案。

二是建设世界水平的检索、审查服务。为了服务新加坡知识产权国际中心的目标，适应新加坡专利体系的改革，新加坡知识产权局对标世界水平加速了对知识产权检索与审查能力的打造。首先，建设高素质的专业人才队伍。新加坡知识产权审查人员中有十分之一为博士，且产业经验丰富，普遍能够使用多种语言服务不同国别的申请者。其次，对原有专利、商标等知识产权服务平台进行整合，实现所有类别知识产权获权的

"一站式""一平台"在线申请。再次,优化平台的申请流程和页面设计,使得申请流程更加简单便捷,增加时间期限提醒等服务功能,让整个服务体验更加人性化。最后,在专利审查上深化国际化合作,通过搭建国际化的知识产权服务机制和平台带领本国企业走向全球。

三是生产力及创新优惠。新加坡政府曾在 2011—2018 年实施生产力创新项目奖励计划,以激励中小企业积极创新、提升生产力。该项目主要通过税收减免、税费延迟缴付等优惠政策,以变相费用补贴的方式资助中小企业提高生产力,如专利申请、设备升级改造、授权许可购买、员工培训、研发投入等费用都可以作为生产力提升开支申报优惠。

四是知识产权咨询服务。新加坡国际知识产权中心战略规划中有一个非常重要的项目——认证专家项目,其核心是政府为企业或个人选派经验丰富的知识产权专家,他们会以顾问的身份在企业新技术研发、商业化、资产保值和升值等方面给予建议及指导。

五是知识产权融资支持。新加坡知识产权局通过下属机构知识产权价值分析室帮助中小企业进行知识产权融资,以解决企业在知识产权商业化和业务扩展中的资金困难。中小企业将所拥有的专利、商标、版权等知识产权作为贷款担保物的一部分,提交给知识产权价值分析室和金融部门进行投资组合的综合价值评估,通过后可以向金融机构进行贷款申请。

六是激励中小企业创新和海外扩张。新加坡对总部设在新加坡、实施海外市场扩张战略且年收入高于 50 万新加坡元(约 250 万人民币)的中小企业,给予最高 70％ 的支出费用补贴,用于鼓励企业加强品牌、供应链、数字化、特许经营、知识产权及国际化战略等六方面的管理。通过这一举措,新加坡增强了中小企业的综合能力,扩大了其在国际竞争中的竞争优势。

二、发达国家知识产权公共服务实践经验启示

(一)强化知识产权人才保障,引入专家服务

知识产权专业人才是中小企业知识产权综合能力提升的基本保障。

我国中小企业大多没有专门部门和专业人才对知识产权事务进行管理，这与我国中小企业所处发展阶段和具体发展特点有关。一方面，中小企业受资金短缺制约，没有能力招聘专门人员、成立专门部门开展知识产权管理；另一方面，很多中小企业管理者对知识产权的认识还非常有限，没有意识到对其进行专项管理的重要性。因此，中小企业普遍需要知识产权方面的帮助和专业指导。美国、日本、韩国及新加坡都实施过专门针对中小企业的知识产权指导项目（见表 3.3），通过派遣高校、中介机构、大型企业的专家到中小企业为其知识产权活动提供全过程咨询服务，成效显著。借鉴这一经验，我国应充分整合调动高校、中介机构、大型企业的知识产权专业人才资源，搭建专家与中小企业沟通平台，形成长效帮扶和互动机制，为面向中小企业的知识产权公共服务提供人才保障。

表 3.3 强化知识产权人才保障的可借鉴项目

国家	项目	人才保障
美国	高校诊断协助项目、专利申请助理项目	高校法学院学生、教授；USPTO 组建的专业团队
日本	知识产权综合支援柜台项目、全球知识产权战略制定者	有经验的服务人员、企业专家和知识产权评估专家
韩国	知识产权管理专家派遣项目	知识产权管理专家
新加坡	认证专家项目	知识产权专家

（二）降低创新成本，缓解中小企业资金压力

长期以来，资金短缺是制约我国中小企业创新的主要因素之一。中小企业开展知识产权创新需要承担高额成本和投入风险。知识产权创新需要耗费大量的人力、物力及资金资源，如专利分析、研发设备和人员配备、专利代理聘请、专利维持等都需要进行高额投入。加上缺乏内外部环境支撑，中小企业的知识产权创新往往面临较大的失败风险，创新成本高。因此，如何降低中小企业创新成本、拓宽中小企业融资渠道、加大资金支持力度，是当前我国知识产权公共服务的重点内容，也应是政府及相关部门需要着力突破的部分。可借鉴的项目详见表 3.4。

表 3.4　降低企业创新成本的可借鉴项目

国家	项目
美国	公益援助项目、NASA 技术转让项目、信用担保项目
日本	知识产权融资项目
韩国	国内知识产权获权支持项目、知识产权原型开发支持项目、客户专利地图项目
新加坡	生产力创新项目奖励计划、知识产权融资项目

通过前述对国外相关实践的梳理,不难发现,各国在降低中小企业创新成本和资金压力方面,基本从以下四条路径出发:一是避免资金浪费,在研发前就通过各种援助方式,指导中小企业避免投资价值低和竞争力弱的研发项目;二是降低研发成本,通过技术许可、生产力创新优惠、研发基金申请等方式,降低中小企业获得新技术的成本;三是降低获权、维权成本,通过公益援助、获权支持、资金补贴等方式,帮助中小企业节约资金;四是拓宽融资渠道,通过知识产权各类金融、投资项目,帮助中小企业获得更充裕的资金,以缓解企业创新的资金压力。

(三)引流知识产权资源,支持中小企业创新

无论是针对现有创新资源储备还是新资源获取,中小企业都是相对弱势的群体。政府部门、大型企业以及科研机构等掌握着更多的知识产权资源,其中不乏对中小企业技术升级、新产品研发等具有重要价值的技术。对此,可借鉴的政策和项目详见表 3.5。

表 3.5　引流知识产权资源的可借鉴政策和项目

国家	政策和项目
美国	NASA 技术转让项目
日本	"知识产权未来公司"认证项目、"Chizai 商业配对"项目、"MoTTO PLUS"项目
韩国	知识产权转让与补偿机制

美国、日本和韩国政府通过政策机制,引导政府部门、大型企业等以开放技术许可、合作开发、技术指导等方式,将闲置知识产权资源转让给

有需要的中小企业,实现创新资源向中小企业的成功引流。

(四)推动中小企业知识产权海外布局

随着世界经济一体化进程的不断推进,中小企业势必要"走出去"参与国际竞争。企业深度参与国际竞争,海外知识产权布局是重点。在这一趋势下,各国政府都加大了对中小企业知识产权海外布局方面的支持力度。其中,日本和新加坡是对海外市场较为依赖的国家,政府助力企业海外知识产权布局方面的工作启动较早,做法也更成熟。例如,通过全球知识产权战略制定者、发展全球化的企业合作伙伴关系等项目,对拓展海外市场的中小企业给予知识产权布局指导和经费支持,为中小企业进军海外保驾护航。可借鉴的政策和项目详见表 3.6。

表 3.6　推动中小企业知识产权海外布局的可借鉴项目

国家	项目
日本	全球知识产权战略制定者项目
新加坡	发展全球化的企业合作伙伴关系方案

(五)以需求为导向提供知识产权公共服务

中小企业的知识产权创新基础大都比较薄弱,缺乏健全的内部管理机制,也缺乏相关外部经验。因此,面对中小企业客户,知识产权公共服务供给要充分了解其实际需求与发展情况,优化服务流程,提供适用和匹配中小企业创新特点的服务,增强服务的有效性;注重对中小企业的知识宣传,提升管理者知识版权意识,通过深入的沟通和互动,对中小企业的知识产权服务需求进行深度开发和耐心培育。可借鉴的政策和项目详见表 3.7。

表 3.7　根据"客户需求"优化服务的可借鉴政策和项目

国家	政策和项目
日本	知识产权综合支援柜台项目
韩国	"客户导向"的审查服务
新加坡	"一站式"知识产权服务平台、审查服务流程精简、到期提示

（六）加快推进知识产权公共服务国际合作

在"走出去"开拓国际市场的进程中,中小企业必须应对国际贸易环境中的各类知识产权风险和问题,因此对海外知识产权信息查询、获权、维权等服务的需求增强。这就要求我国知识产权公共服务必须与国际接轨,达到世界较高水平。俄罗斯通过与国际知识产权组织开展 TISC 合作,在较短时间内建立起了覆盖联邦的 TISC 网络,大大提升了知识产权信息服务能力。新加坡也通过不断的国际合作,优化了本国知识产权制度和服务体系,不断提升成为未来世界知识产权中心的实力。在知识产权公共服务的国际合作方面,我国也应加快推进步伐,持续推进 TISC 建设,加大与国际知识产权资源的对接和互动。

第四章 中小企业知识产权公共服务采纳实证分析

　　中小企业是我国企业的主体,最需要新技术的支持来提高生产效率,但由于受到企业规模、资金、经营理念等因素的限制,又最缺乏技术创新和转化的条件,导致我国中小企业整体创新能力不强。如前文所述,知识产权公共服务因创新而生,又作为一种关键的创新资源支撑创新。本章聚焦中小企业对知识产权公共服务运用前阶段,从决策人感知风险的视角对制约中小企业知识产权公共服务采纳的微观机理展开研究,内容包括:第一,根据前文对知识产权活动中主要风险的梳理和归纳,结合本书研究主题,对中小企业知识产权公共服务感知风险的内涵与组成进行具化;第二,以中小企业知识产权公共服务的采纳过程为基础,分析影响采纳过程中决策人风险感知的因素,并就感知风险对采纳意向的作用关系进行实证分析和讨论,为探究中小企业"个性化""差异化"服务需求提供参考。

第一节　中小企业知识产权公共服务的风险结构

一、量表编制与测试

（一）主要内容

　　本部分主要对中小企业面临的各类知识产权公共服务感知风险的影响要素进行了梳理、总结和归纳,编制了风险测评表,并通过发放、回收、分析问卷数据，明确了项目之间的联系，最终确定了知识产权公共服务感知风险的结构维度。

（二）工具方法

本部分采用的工具方法包括文献资料法、深入访谈法和实证分析法。首先，结合知识产权服务的特点，在初步形成感知风险量表的基础上，形成了知识产权公共服务感知风险的评估项目，并编制了预测性测试问卷。其次，找出问卷中不合理的部分并加以修正。最后，进行问卷调查。运用 SPSS19.0 进行数据的探索性因子分析，明确知识产权公共服务感知风险的维度，并通过信度和效度检验来确定量表的质量。

（三）编制问卷

本部分基于国内外感知风险评估指标和成熟量表，借鉴 Stone 等（1993）的测量量表，并参照 Jarvenpaa 等（1996）与 Mowen 等（1990）的量表补充了部分测量项。考虑到知识产权公共服务的特殊性，围绕知识产权公共服务对中小企业的相关管理者进行了多样式调查，包括深入访谈、开放式问答等，初步形成了 54 个具化指标的量表测试项。调查主要围绕以下四个方面：一是个人的基本情况（包括年龄、教育背景、工作岗位等）；二是所在企业的基本情况（包括企业类型、知识产权公共服务需求等）；三是在企业的知识产权公共服务采纳中，被调查者通常扮演的角色或者起到的作用是什么；四是在企业的知识产权公共服务采纳中，被调查者对风险的担忧和顾虑通常包括哪些方面，其造成后果的严重性如何。

通过对中小企业管理者的调查及向专家征询建议，修订并形成预试问卷。被调查者根据知识产权公共服务采纳过程中的实际情况，对各风险因素的程度进行选择，根据李克特五级量表的计分方式，分为"非常不重要""不重要""一般""重要""非常重要"。

（四）预试调查

预试调查的主要对象为曾直接或间接参与过企业的知识产权公共服务采纳决策的中小企业管理者。本次调查问卷合计回收 200 份，其中有效问卷 187 份。通过独立样本 t 检验、相关分析及主成分分析，删除共同

度与因子载荷低于 0.5 的项目,最终共有 42 个问项进入正式问卷,详见
附录 2。

二、探索性研究

(一)调样采集

由于企业的知识产权公共服务采纳决策主要是由参与决策的企业人
员决定的(朱丽献,2009),我们将调查对象锁定为中小企业直接参与或能
够间接影响知识产权公共服务采纳决策的企业人员。自 2019 年 7 月开
始,对浙江、江苏、重庆等区域的中小企业实地或线上发放问卷 200 份,最
终 187 份有效数据进入统计分析,样本基本情况如表 4.1 所示。

表 4.1　描述性统计分析

指标	类别	人数/人	比例/%	指标	类别	人数/人	比例/%
性别	男	102	54.5	决策参与	直接参与	131	70.1
	女	85	45.5		间接参与	56	29.9
年龄	20 岁及以下	0	0	规模	小微型	121	64.7
	21—29 岁	14	7.5		中型	66	35.3
	30—39 岁	86	46.0	知识产权服务采纳经历	信息及利用	61	32.6
	40—49 岁	72	38.5		交易服务	47	25.1
	50 岁及以上	15	8.0		培训服务	42	22.5
职务	高层管理者	109	58.3		法律服务	49	26.2
	中层管理者	45	24.1		融资服务	30	16.0
	基层管理者	33	17.6		其他	53	28.3

(二)研究方法

本章运用主成分分析法,通过提取相互独立又对因变量有影响的指
标,形成知识产权公共服务感知风险的结构维度。

(三)研究结果

对调查数据进行分析后,将知识产权公共服务感知风险的主成分按

照特征值大小进行排序,详见表 4.2、表 4.3。

表 4.2　KMO and Bartlett 的检验

KMO 度量		0.841
Bartlett 的球形度检验	Chi^2	4128.691
	df	666
	p	0.000

表 4.3　探索性因子

解释的总方差

成分	初始特征值			提取平方和载入		
	合计	方差的百分比/%	累积百分比/%	合计	方差的百分比/%	累积百分比/%
1	21.809	51.928	51.928	21.809	51.928	51.928
2	9.589	22.834	55.855	9.589	22.832	74.762
…	…	…	…	…	…	…

注:提取方法为主成分分析法。

本章将特征值大于 1 的主成分作为知识产权公共服务感知风险的维度,提取排名靠前指标,形成 12 个问项的量表,详见表 4.4。

根据各主成分所含指标的构成进行内容分析和特征提取,然后对知识产权公共服务感知风险的两个维度进行命名。

第一主成分中系数最大的前六项原始指标为:服务可能造成企业信息被不正当利用;服务可能会使企业关键资源(信息、技术等)被窃取;采纳该服务的机会成本高;企业的某些权益无法得到法律保护;服务可能无法实现预期功能;服务性价比低。这六项指标主要反映了企业采纳知识产权公共服务面临的机密泄露、维权困难及经济绩效欠佳等直接影响企业经营发展的风险,因此被命名为"核心经营风险"。

第二主成分所含指标内容为:采纳该服务可能会被视为一项不明智的决策;支持采纳该服务,使我情绪紧张、焦虑;支持采纳该服务,与我一贯的形象和自我观念不符;该服务占用的企业资源,投放其他项目可能会收益更高;采纳该服务,将迫使企业放弃一些其他机会;该服务可能不是最优选择。这六项指标主要反映了决策者个人及机会选择层面的心理冲突,其产生于个体参与知识产权公共服务采纳决策过程中,因此本部分将其命名为"伴随心理风险"。

由此,可将知识产权公共服务感知风险进一步释义为:决策者在知识产权公共服务采纳过程中对各种客观风险的主观认识和心理感受,是决策者因为无法预料未来结果而产生的一种不确定感受,这种不确定感受集中在企业经营和个人心理两个方面。

表 4.4　探索性因子分析旋转成分矩阵

问项		因子	
序号	内容	1	2
1	担心该服务可能造成企业信息被不正当利用	0.868	
2	担心该服务可能会使企业关键资源(信息、技术等)被窃取	0.853	
3	采纳该服务的机会成本高	0.848	
4	担心服务中企业的某些权益无法得到法律保护	0.840	
5	担心该服务可能无法完全实现预期的功能	0.817	
6	担心投入时间、资金等后收效不高、性价比低	0.804	
7	采纳该服务可能会被视为一项不明智的决策		0.844
8	支持采纳该服务,使我情绪紧张、焦虑		0.758
9	支持采纳该服务,与我一贯的形象和自我观念不符		0.784
10	该服务占用的企业资源,投放其他项目可能会收益更高		0.759
11	采纳该服务,将迫使企业放弃一些其他机会		0.784
12	担心该服务不是最优的选择		0.744

为了进一步了解上述要素及提取的各个维度在测量知识产权公共服务感知风险上的可靠性与有效性,需进一步做信效度检验。

信度分析的结果(见表 4.5)显示,感知风险总量表 α 系数为 0.9244,两维度的 α 系数分别为 0.8537、0.9013,均大于 0.7,说明量表信度较好。

表 4.5 总量表与各维度可靠性系数

变量	总量表	核心经营风险	伴随心理风险
α 系数	0.9244	0.8537	0.9013

效度方面,两个主成分因子的特征根均大于 1,累积可解释总体方差达到 74.762%,每个测量项目在相应因子上均有较高载荷,且两维度分量表与总量表的相关系数大于两维度量表间的相关系数(见表 4.6),表明量表的效度较好。

表 4.6 总量表与各维度可靠性系数

维度	总量表	维度 1	维度 2
维度 1	0.834	1	
维度 2	0.796	0.421	1

第二节 中小企业知识产权公共服务采纳分析

一、假设提出

目前学术界对哪些因素会影响创新采纳中的感知风险已经达成比较统一的认识,可以归纳为采纳者自身、情境、产品与供应方等几方面的因素,但具体到特定知识产权公共服务的采纳过程,感知风险的影响因素又是复杂的、具体的、有差异的。知识产权服务的重要功能和目的就是保障知识在组织间的转移,知识本身的一些属性会影响转移及诱发知识产权服务风险(张克英,2006)。因此,分析中小企业知识产权公共服务采纳问题时,除一般交易规律外,还须关注知识产权公共服务的知识性,并考虑知识转移等相关机理和特点。

基于以上考虑,为了让构建的研究模型更为科学合理,结合已有相关文献成果,笔者对中小企业知识产权公共服务采纳中的感知风险与影响因素进行了初步问卷调查和小范围访谈。笔者通过所在城市的行业协会、校友会,向中小企业发放了 147 份问卷,回收有效问卷 125 份,并选取了 10 家企业进行面谈与交流。问卷中,笔者共设计了三个与知识产权公共服务感知风险相关的问题:在考虑和评估知识产权公共服务的风险时,您通常会考虑哪些因素? 在服务采纳中,哪些情况会加剧您对知识产权公共服务的风险感知? 在服务采纳中,哪些情况会降低您对知识产权公共服务的风险感知?

通过对以上问卷的整理分析,并结合后期访谈和已有文献成果,对标研究目标,笔者将影响中小企业知识产权公共服务感知风险的主要因素归为情境、企业及决策者个人特质三类因素。

(一)情境类因素的影响

1.服务复杂性

Nena(2003)指出,特定产品或服务的自然属性与社会价值都会影响感知风险。作为创新扩散的重要媒介和载体,知识产权公共服务的过程还是知识在组织间传递、转移的过程。虽然已有文献中尚缺乏对知识产权公共服务复杂性的专门研究,但在与其高度相关的知识转移、创新扩散等领域的研究中,"复杂性"被证实对知识转移和创新扩散存在重要的影响作用,是诱发知识产权活动风险的因素之一(Rogers,1995;Szulanzki,1996;张克英等,2006)。

一是知识转移方面的研究。在知识转移相关研究中,复杂性被视为知识的一种内在属性,表征各种知识与资源的独立技术、惯例、个体和资源的数量及相关程度(Simonin,1999)。一般认为,知识所蕴含的信息越多、所涉原理越深奥、专业技术性越强,能够理解和掌握这些知识的人就越少,知识转移的风险和难度就越大。如,吴想等(2009)在对产学研合作创新的研究中发现,知识产权内含知识的复杂性、技术含量及专业性等越高,对接受方理解力与接受力的要求就越高,知识转移难度就越大;徐斌等(2011)通过对合作创新的研究发现,由于参与创新的各方人员的技术、专业等知识背景存在差异,在合作中容易产生对各类共享知识

的理解偏差,引发合作中的知识不完整、知识被篡改甚至知识流失;
Reed 等(1990)也研究证实,转移过程中知识的复杂性会加剧知识产权
流失的风险。

二是创新采纳方面的研究。Rogers 最早在该领域中对"复杂性"及
其影响作用进行了阐述,并认为"复杂性"是创新接受方在理解、采纳、使
用某一创新技术或服务时,对难易程度的一种主观感受(Rogers,1995)。
当创新技术或服务的复杂性较高时,接受方对其理解、认识及评估等的难
度加大,因而需要付出比一般采纳更多的时间、人力、资金等进行学习和
甄别,导致接受方的不确定性等风险感知增加,采纳意愿减弱。另外,在
技术接受模型(TAM)、技术采纳和使用整合理论模型(UTAUT)中,也
分别从感知易用性和努力期望等概念对技术复杂性的影响作用进行了研
究和论述(Davis et al.,1989)。

综合以上研究,本章基于接受方(客户)视角,将知识产权公共服务复
杂性定义为决策人对专业知识、技术的理解与掌握难易程度的感知。复
杂性越高,则其服务内容所含知识、技术等就越难以被理解和掌握,决策
人也就越难以对其功能、价值及法律边界与权益等问题进行评估和判断,
增强了决策人对未来经营的不确定性。与此同时,由于信息缺乏,决策失
误的概率增大,决策人的决策焦虑及害怕失误将引发不利的担忧,即较高
的心理风险。由此,本章提出如下假设:

假设 4.1a:服务复杂性显著正向影响知识产权公共服务核心经营风
险感知。

假设 4.1b:服务复杂性显著正向影响知识产权公共服务伴随心理风
险感知。

2.法律与政策保障

与发达国家相比,我国的知识产权服务业起步较晚,法律法规体系和
配套监管机制还不完善。一方面,我国知识产权相关法律法规等制度建
设还不够完备,存在对某些权利限定不充分、规定模糊、操作性不强等情
况,容易催生和引发知识产权侵权等违法行为,加大了创新链中各主体与
节点的创新风险(宋伟等,2012)。另一方面,相关监管机制在执法公正

性、执行力度、专业性等方面也有待加强。执法的效果直接影响权利主体的权益保护,很多知识产权纠纷最终未能取得合理的结果,与相关部门的案件审理能力及执法能力不无关系。比如,一些知识产权诉讼案件超出当地执法机关的审理职权和能力,而能够审理的法院较少且分布地域分散,加上涉及部门多、部门间缺乏协调等,影响权利人的维权成本高、效率低(王智源,2010)。

目前,我国知识产权服务行为主要表现在市场运行上,并受到法律与政策的影响(毛昊等,2015)。法律与政策因素不仅会直接影响知识产权风险的发生,还会通过创新链的传导,间接影响企业对知识产权公共服务风险的感知和采纳。如 Knopf(2001)指出,知识产权交易或融资服务难以推进的最大困难并不在于缺乏经济诱因,而在于法制上所存在的风险和障碍。在国际性跨区域合作中,企业还需应对知识产权法律制度和管辖权的差异,风险问题更是突出(唐恒等,2007)。法律与政策环境是各类市场活动的重要外部基础,制度框架(例如法律、法规及政策等)可以令参与方感到安全和有保障,降低感知的不确定性(邵兵家等,2005)。知识产权公共服务也不例外,法律与政策体系越完善,企业在服务采纳上对法律及相关衍生风险的顾虑就越少。若所涉领域的法规建设与执法水平落后、保障机制薄弱,企业的核心权益就可能因得不到有效保护而受损,从而引发财务、经营困难,而其中的决策人也将承担更大的心理压力;反之亦然。由此,本章提出如下假设:

假设 4.2a:法律与政策保障显著负向影响知识产权公共服务核心经营风险感知。

假设 4.2b:法律与政策保障显著负向影响知识产权公共服务伴随心理风险感知。

3.供应方信任

学术界在信任与感知风险关系的问题上一直存在争论,但对信任可以降低决策人感知风险这一点已基本达成共识。Garbarino 等(1999)实证发现,对高关系导向的客户而言,服务供应方的信任和承诺是驱动未来合作的关键因素。李桂华等(2011)认为,企业采纳决策受人际信任的影响显著,一般倾向于优先考虑有密切关系的供应方或者个人。Jarvenpaa等(2000)指出,当消费者对网站及交易对象的信任增加时,感知到的风险就会减少。Martin等(2015)持相似观点,他们在消费行为研究中发现,消费者对产品的信任降低了风险感知,增强了采纳意愿。Featherman等(2003)发现,信任可以直接或者间接通过降低感知风险来影响意愿。

在科技服务领域的研究中,以上结论的适用性得到了肯定。Kolter(1996)研究发现,企业在考虑采纳高技术服务时,通常会通过搜索外部线索、寻找更多渠道供应商来降低采纳潜在风险。研究表明,合作方之间的信任不足或信用缺失是导致知识产权交易活动失败的主要原因。唐沛钰(2014)指出,组织间信任可以有效降低知识产权活动中的风险,提高知识转移的绩效。谢荷锋(2012)研究发现,供应方信任可以降低信息不对称产生的风险感知。

综上,可以认为,中小企业对知识产权公共服务供应方的信任度越高,其知识产权公共服务感知风险就越低。在合作创新研究中,学界一般借鉴 McAllister(1995)的研究观点,对供应方信任从认知信任和情感信任两个维度分别进行考察分析。结合聚焦内容,本章沿用这一维度划分原则对供应方信任与知识产权公共服务感知风险的关系进行探索,即:基于认知的信任是指中小企业通过对知识产权公共服务供应方的能力、可靠性及诚信的理性判断而获得;基于情感的信任则来自双方交往、互动过程中产生的友谊和忠诚。

在外部创新资源的获取中,中小企业常常需要在信息不对称的情况下进行决策,这使得企业顾虑重重。供应方认知信任的前提是足够的可靠性和职业能力,这为中小企业选择服务与供应方提供了良好的"筛选"机制,降低了交易风险发生的概率(谢荷锋,2012)。在知识产权公共服务的采纳中,如果企业对供应方有较高的认知信任,就更容易对其提供服务的质量、合作结果等产生积极的预期,决策人对服务判断及决策失误的担忧也会较弱。由此,本章提出如下假设:

假设 4.3a:认知信任显著负向影响知识产权公共服务核心经营风险感知。

假设 4.3b:认知信任显著负向影响知识产权公共服务伴随心理风险感知。

同样地,供应方情感信任是指中小企业与供应方在交互过程中能真诚关怀彼此的切身利益,在出现失误时进行积极归因,有利于降低对抗性行为(譬如投机行为)的发生概率(谢荷锋,2012;李燕燕等,2019)。如果决策人对供应方有较高的情感信任,合作过程将更加顺利、通畅,能够有效降低双方的投机风险,规避由信息和互动不畅诱发的风险,有利于达成更好的合作成效,降低经营风险。并且,与情感互动良好的供应方合作,决策人也能更加愉快和高效,因而心理风险较低。由此,本章提出如下假设:

假设 4.3c:情感信任显著负向影响知识产权公共服务核心经营风险感知。

假设 4.3d:情感信任显著负向影响知识产权公共服务伴随心理风险感知。

(二)企业类因素的影响

1. 资源就绪

组织资源通常包括人、财、物等资源,是组织拥有的能运用的要素的集合,它决定了企业如何有效实施创新驱动(Kollmann et al.,2009)。本书将资源就绪定义为,企业对采纳和应用知识产权服务的基础条件或已有准备,是评判可以开展知识产权公共服务采纳活动与否的重要指标(Chwelos et al.,2001;Yang et al.,2015)。学术界普遍认为,资源准备是影响创新成效的条件之一。对企业来说,规避风险是经营发展中的重要事项,在创新活动中需要耗费大量的资源,如果准备不足,会导致创新中断或创新失败,令创新风险加大(Wang et al.,2009;沈千里,2018)。Oliveira(2014)研究认为,掌握的资源越多,应对风险的能力越强,创新成功的概率越高。作为一种推动创新的资源,笔者认为知识产权公共服务符合创新技术采纳的规律,即在资源准备较充分的情况下,中小企业更有信心和能力实现对知识产权公共服务的有效应用,因而对知识产权公共

服务引入的预期经营风险和心理风险感知也会较低,采纳意愿更强。据此,本章提出如下假设:

假设 4.4a:资源就绪显著负向影响知识产权公共服务核心经营风险感知。

假设 4.4b:资源就绪显著负向影响知识产权公共服务伴随心理风险感知。

2.高层支持

高层支持是企业创新采纳研究中常见的影响因素,是指组织内部具有决策权的领导对创新的认可与支持态度(Lee et al.,2007)。企业决策一般由企业高层在权衡各类相关内外部因素后做出,因此企业决策更像是企业高层态度与行为的体现(Hambrick et al.,1984)。高层支持对创新采纳的促进作用主要体现在人财物资源供给、内部资源协调等方面(Chircu et al.,2000)。除直接影响决策外,高层的态度还会通过参与人员、组织氛围等间接影响创新采纳。Chircu 等(2000)在研究电子商务的采纳时发现,管理者的态度和资源限制是新技术采用的主要壁垒。如果高层管理者态度消极,将影响员工采用新的技术(Farhoomand et al.,2000)。参与决策人员的感知风险与他认为对决策后果要承担的责任显著相关,且绩效风险在小规模企业中显著较高,因为规模较小的企业无力承担决策失误造成的财政负担(顾夏云,2014)。

对中小企业而言,知识产权公共服务中包含许多全新的服务模式,缺乏足够的历史经验作为参考。由于与企业传统内容及模式存在差异性,企业在知识产权公共服务采纳和使用过程中可能会面临诸多风险和不确定性,由此引发决策人员的感知风险。高层对企业的战略制定、各项资源的调配拥有决定权,其支持态度会降低参与决策人员对采纳服务结果的风险感知,对采纳决策发挥积极的促进作用。因此,本章提出如下假设:

假设 4.5a:高层支持显著负向影响知识产权公共服务核心经营风险感知。

假设 4.5b:高层支持显著负向影响知识产权公共服务伴随心理风险感知。

(三)决策人因素的影响

1.人口统计学因素

在感知风险的性别差异上,女性的风险认知度一般比男性高。李燕燕等(2019)在研究对公众科技风险感知时发现,不同性别公众在风险感知上存在差异性。Forsythe 等(2003)研究发现,不同性别消费者的具体风险感知有所不同,即性别因素可能会影响个体在风险感知大小或维度上的差异性。结合本研究,我们提出如下假设:

假设 4.6a:不同性别决策人的知识产权公共服务核心经营风险感知存在显著差异。

假设 4.6b:不同性别决策人的知识产权公共服务伴随心理风险感知存在显著差异。

有研究指出,教育程度一般被认为与感知风险负相关。Spence 等(1970)的研究表明,信息和知识优势为学历高的消费者减少风险感知起到了帮助作用,学历越高,感知风险越小。Slovice(1987)的研究也验证了这一观点,他认为受教育程度高的消费者,相较于受教育程度低的消费者,对风险的感知相对更低。Pilisuk 等(1988)通过一项关于社会公众科技风险感知的研究发现,具备较高学历的公众在知识储备和学习能力上具备优势,能更好地对科技风险进行识别、理解和规避,因此对新技术的风险容忍度和接受度都较普通公众高。同理,受教育程度高的决策者一般具有比较高的知识水平、理解力以及学习能力,在面对知识产权公共服务的技术知识门槛时能够表现出更强的接受力和信心,因而其对经营风险和心理风险的感知都相对较低。反之,受教育程度较低的决策者难以对知识产权公共服务进行正确理解和价值判断,易产生较高的感知风险。据此,本章提出如下假设:

假设 4.6c:决策人受教育程度越高,知识产权公共服务感知核心经营风险越低。

假设 4.6d:决策人受教育程度越高,知识产权公共服务感知伴随心理风险越低。

2. 知识产权服务知识

梳理前人对产品知识的研究,学界一般将决策人的知识产权服务知识定义为,决策人对知识产权服务的熟悉度和具备的知识产权相关知识(Alba et al.,1987;Park et al.,1994;Schmidt et al.,1996)。Chaudhuri(1988)、Bettman 等(1980)通过研究发现,产品知识能显著降低决策者的采纳风险和不确定性感知。Kogut 等(1993)研究发现,接受方拥有相关的知识基础,有助于减少知识模糊性带来的阻力和风险,从而有利于知识转移。也就是说,决策者如果掌握丰富的产品知识,对与之相关的各类线索都较为了解,会更有信心和效率做出正确决策(Rao et al.,1988)。综上,参与企业知识产权公共服务采纳的决策者,若自身对知识产权及服务有充分的了解和深刻的认识,就能更好地识别出最优方案,规避和减少采纳中的不确定性,降低决策失误的概率,因而其对经营风险和心理风险的感知都会较低;而对知识产权及服务认知较少的决策者而言,他们很难凭借现有知识架构对知识产权公共服务的各类信息进行准确分析和处理,不确定性随之增加,其对核心经营风险和伴随心理风险的感知也会较高。据此,本章提出如下假设:

假设 4.7a:决策人具备的知识产权服务知识越多,其感知核心经营风险越低。

假设 4.7b:决策人具备的知识产权服务知识越多,其感知伴随心理风险越低。

(四)知识产权公共服务感知风险影响采纳意向

企业最终的采纳决策往往是根据决策人员的采纳意向形成的,因此采纳意向对企业最终的采纳决策具有非常重要的意义(李桂华等,2010)。由于企业的知识产权公共服务采纳意向主要是由参与采纳决策的人员决定的,对企业知识产权公共服务采纳决策,一般用决策人采纳意愿和倾向来进行测评(李桂华等,2010)。Taylor(1974)、Laurent 等(1985)、Engel(1963)等学者指出,感知风险与决策采纳存在负相关性,决策者在决策过程中产生的风险感知会影响到采纳意愿。Kuhlmeter 等(2005)、Lu 等

(2013)都指出降低风险感知能有效提高决策者对采纳行动的期望效用,增强采纳意愿。作为创新链中的一环,中小企业在创新活动开展中并不占优势。由于自身抗风险能力差,当感知经营风险过高时,中小企业可能会取消对某个创新资源的引入或换掉合作供应方。同样,决策人感知伴随心理风险较高时,则可能反对或不支持采纳决定。由此,本章提出以下假设:

假设 4.8a:核心经营风险感知显著负向影响企业知识产权公共服务采纳意向。

假设 4.8b:伴随心理风险感知显著负向影响企业知识产权公共服务采纳意向。

二、模型构建

根据以上假设,构建基于感知风险的中小企业知识产权公共服务采纳意向影响模型(见图 4.1)。

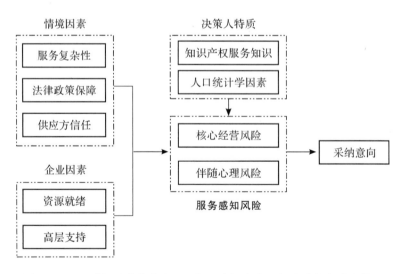

图 4.1 基于感知风险的中小企业知识产权公共服务采纳意向影响模型

第三节　研究设计

前述研究构建了基于感知风险的中小企业知识产权公共服务采纳意向模型并提出了相应的研究假设。本节将进一步就如何验证前文构建的机制模型和研究假设，进行实证研究设计。

一、问卷设计与调查

根据前文提出的基于感知风险的中小企业知识产权公共服务采纳意向影响模型和相应的研究假设，下面将对各变量的测量量表的设计依据及问项内容进行具体阐述。

（一）知识产权公共服务感知风险影响因素测量量表

1.情境因素测量量表

本研究的情境因素包含服务复杂性、法律与政策保障及供应方信任三个方面的变量。其中，复杂性量表主要根据 Szulanzki(1996) 的量表设计，包含 3 个问项；法律与政策保障量表主要参考宋伟等(2012)、刘菊芳(2012)、毛昊等(2015)、张克英等(2006)等关于法律与政策在知识产权活动中角色作用的观点自拟，测量内容聚焦于法律制度体系完备度与政策支持等保障，共包含 4 个问项等供应方信任量表则借鉴了 McAllister(1995)的量表，其中认知信任维度与情感信任维度分别包含 3 个问项，详见表 4.7。

表 4.7　情境因素测量量表相关情况

变量	问　　项	量表来源
复杂性	该服务包含的某些知识或技术只有具有较深专业知识、技能的人员才能理解	Szulanski(1996)
	该服务涉及多个不同的知识领域	
	该服务的掌握和使用需要专门的培训或长期积累	

续表

变量	问　项	量表来源
法律与政策保障	该服务相关法律、法规建设完备、稳定	自拟
	该服务所涉法律领域,执法公正、有效率	
	政府提供一定财政等优惠政策支持	
	政府制定了与该服务相关的配套保障政策	
供应方认知信任	服务供应方具有很好的声誉,比较可靠	McAllister (1995)
	服务供应方很专业,有能力履行各项承诺	
	服务供应方不会因为自身问题,而给我公司的工作带来困难	
供应方情感信任	在与供应方接触时,我乐于分享一些信息、个人观点和知识	
	不与该服务供应方建立合作,我会感到失望或可惜	
	供应方关心我提出的问题,并能够迅速给出建设性意见	

本量表在测量上采用李克特五级量表,被调查对象按照对问项内容描述的同意程度在 1 到 5 分之间进行评分,分数越高表示越同意。同样,企业因素测量量表、决策人特质因素测量量表及采纳意向测量量表,均采用李克特五级量表测量方法,后续不再重复赘述。

2. 决策者特质因素测量量表

本节借鉴 Brucks(1985)的研究,以对服务的熟悉度和专业知识来衡量决策者知识产权公共服务知识掌握和具备情况,量表共有 3 个问项,详见表 4.8。

表 4.8　决策者特质因素测量量表相关情况

变量	问　项	量表来源
知识产权服务知识	我了解知识产权服务(如服务类型、内容、流程等)	Brucks(1985)
	我了解知识产权服务发挥的功能、作用	
	我了解如何选择和使用知识产权服务	

3. 企业因素测量量表

本节考察的企业类因素变量包括资源就绪和高层支持。为了提高测量变量的信度和效度,在参考以往研究(Farhoomand et al.,2000;Oliveira et al.,2014;Yang et al.,2015)的测量指标的基础上,结合本节研究内容做了一定适应性修正,测量项目详见表4.9。

表 4.9　企业因素测量量表相关情况

变量	问　　项	量表来源
资源就绪	公司有足够的资金用于采纳及应用该服务	Yang 等(2015)、Farhoomand 等(2000)
	公司有应用该服务的专门人员	
	公司具有采纳及应用该服务所需的技能、技术基础	
高层支持	高层愿意提供资金、人力等资源支持	Oliveira 等(2014)
	高层愿意承担采纳该服务的风险	
	高层对该服务的功能和前景非常了解	

(二)中小企业知识产权公共服务采纳意向测量量表

对企业知识产权公共服务的采纳意向,一般用决策人采纳意愿和倾向来进行测评(李文元等,2014;李桂华等,2008)。本节借鉴 Dodds 等(1991)的研究,修正后最后形成2个测量项目。2个问项的内容相反,直接反映受访者意愿的同时,也作为观测项用于问卷筛选,详见表4.10。

表 4.10　采纳意向测量量表

变量	问　　项	量表来源
采纳意向	我倾向于支持采纳该项知识产权公共服务	Dodds 等(1991)
	我倾向于不支持采纳该项知识产权公共服务	

(三)预调研分析

虽然本章问卷的问项均来自已有的成熟量表,但从科学性、严谨性的角度出发,还是需要进行预测试,对问卷的内容、结构进行分析检验,修正问卷问题,确保良好的问卷质量。

1.检验问卷的内容效度

本次内容效度检验中,先后共邀请了8位专家,包括3位高校教授和

5位参与过知识产权公共服务采纳决策的中小企业管理人员,对测量问题与变量的表征是否一致、概念是否存在交叉重叠等情况进行了判断,以此对问卷进行了修订和完善。

2.对问卷的结构效度与信度检验

在杭州、宁波、湖州等地,通过实地和线上等方式采集到86份有效问卷,运用探索因子分析法和信度分析法对样本数据进行分析后发现,问卷中各变量量表的Cronbach's α 值均大于0.7,表明问卷信度较好;删除载荷较低的2题(供应方认知信任1题、供应方情感信任1题)后,本节其余所有分析项的因子载荷系数值均达到0.7,每个问项均落到对应因子中,说明修正量表具有较好的区别效度和收敛效度。最后适当根据阅读者即被调查者视角修正表述,形成本研究的正式问卷。

(四)正式问卷要素

正式问卷的要素主要包括:中小企业基本情况、决策参与人情况、知识产权公共服务感知风险、影响因素及服务采纳调查。其中,中小企业基本情况主要为企业所处行业、企业规模、企业性质等,知识产权公共服务感知风险影响因素及采纳调查内容为情境、企业及决策人特质等相关影响因素评价、知识产权公共服务风险感知及采纳意向等。

问卷合计42个问项,主要包括企业基本情况(3个问项)、个人资料信息(4个问项)、知识产权服务知识(3个问项)、采纳意向与决策参与(1个问项)、情境因素(11个问项)、企业因素(6个问项)、知识产权公共服务感知风险问项(14个问项)。详见附录调查问卷3。

二、取样与数据收集

(一)样本来源

本章样本的来源地区主要有杭州、重庆、宁波、南京、苏州等地,被调查者为中小企业的管理者,尤其是直接参与或间接影响知识产权公共服务采纳的人员,取样时间为2019年10月至2020年1月。

（二）数据收集与分析方法

本章数据取样使用问卷星在线调查和现场实地调查两种方式。分析方法上，使用 SPSS19.0 与 Amos 24.0 进行数据处理，具体为：第一，对中小企业基本情况、决策参与人情况等进行描述性表达；第二，对问卷量表和采集数据的质量进行检验；第三，采用结构方程模型，分析情境因素、企业因素及决策人特质因素对知识产权公共服务感知风险的影响情况；第四，分析知识产权公共服务感知风险对中小企业采纳意向的作用。

第四节　实证分析

一、样本特征

由于中小企业的知识产权公共服务采纳意向主要是由参与采纳决策的企业人员决定的，我们将调查取样对象锁定为中小企业直接参与及能够间接影响知识产权公共服务采纳决策的企业人员。自 2019 年 10 月开始，向浙江、江苏、重庆等区域的中小企业发放问卷，其中宁波市问卷以纸质和网络问卷相结合的方式发放，其他地区问卷以网络方式发放。最终共回收问卷 352 份，剔除部分无效问卷后，共有 315 份有效问卷的数据进入统计。本研究样本数据的来源地区分布详见表 4.11。从取样的地区分布来看，样本来源主要集中在长三角和中西部地区经济发达、创新活跃的城市，满足研究主题的要求。

表 4.11　样本数据地区分布

城市	杭州	宁波	湖州	绍兴	嘉兴	合肥	上海	苏州	南京	无锡	成都	重庆	北京	其他
样本数/个	58	61	7	5	9	13	19	47	25	11	8	30	6	16
占比/%	18.4	19.4	2.2	1.6	2.9	4.1	6.1	14.9	7.9	3.5	2.5	9.5	1.9	5.1

本研究样本的描述性统计特征如表 4.12 所示:被调查者中,高层与中层管理人员占比极高,合计达 82.8%;从企业规模来看,小微企业最多,占比 82.5%;从决策参与的方式看,直接参与占比较高;从性别上看,男性居多,占比 66.3%;从年龄上看,调查对象主要集中在 31 至 50 岁,合计 77.8%。由以上数据可以看出,取样具有较好的普遍性和代表性,符合研究要求。

表 4.12　描述性统计分析

指标	类别	人数/人	占比/%	指标	类别	人数/人	占比/%
性别	男	209	66.3	职务	高层管理者	167	53.0
	女	106	33.7		中层管理者	94	29.8
年龄	21～30 岁	48	15.2		基层管理者	54	17.2
	31～40 岁	150	47.6	决策参与	直接参与	183	58.1
	41～50 岁	95	30.2		间接参与	132	41.9
	51～60 岁	18	5.7	企业规模	小微型	260	82.5
	60 岁以上	4	1.3		中型	55	17.5

二、样本数据质量与检验

(一)信度分析

本章采用目前学术界通用的 Cronbach's α 信度系数进行问卷信度分析。普遍认为,当 $\alpha > 0.8$ 时,表明量表内部各个问项的一致性非常高;当 α 为 0.6～0.8 时,表示问卷项目的信度相对较好;当 $\alpha < 0.6$ 时,表明问卷项目的信度较差。本次测量中,Cronbach'$\alpha = 0.972$,大于 0.8,表明量表内部一致性非常高。

(二)效度分析

本章的 KMO 值为 0.942(通常来说,若 KMO 值为 0.9～1,说明问卷非常适合进行因子分析),且 Bartlett 球形检验的显著性水平小于 0.01,非常适合做因子分析。因子分析时,Bartlett 统计值应 < 0.01。

通过探索性因子分析,利用主成分分析法进行因子提取后,所有问项均提取出 5 个特征值大于 1 的公因子,样本累计解释方差为 74.195％,研究所提取的 5 个公因子可以解释相关信息。正交旋转后的因子载荷矩阵详见表 4.13,因子载荷均大于 0.6,说明变量之间的界定清晰度和结构效度较高。

表 4.13　探索性因子分析结果

变量	复杂性	法律保障	认知信任	情感信任	资源就绪	高层支持	知识产权服务知识	感知核心经营风险	感知伴随心理风险
COM1	0.796								
COM2	0.769								
COM3	0.778								
LAWSU1		0.717							
LAWSU2		0.744							
POLS1		0.724							
POLS2		0.701							
CT1			0.781						
CT2			0.769						
ET1				0.714					
ET2				0.744					
RR1					0.853				
RR2					0.748				
RR3					0.777				
LEADS1						0.796			
LEADS2						0.776			
LEADS3						0.785			
KIPS1							0.846		
KIPS2							0.858		
KIPS3							0.837		
PCBR1								0.787	
PCBR2								0.780	

续表

变量	复杂性	法律保障	认知信任	情感信任	资源就绪	高层支持	知识产权服务知识	感知核心经营风险	感知伴随心理风险
PCBR3								0.792	
PCBR4								0.795	
PCBR5								0.683	
PCBR6								0.687	
PCPR1									0.784
PCPR2									0.760
PCPR3									0.722
PCPR4									0.792
PCPR5									0.826
PCPR6									0.742

利用 Amos 24.0 对模型进行验证性因子分析,因子载荷系数(factor loading)值展示因子(潜变量)与分析项(显变量)之间的相关性。通常使用标准载荷系数值表示因子与分析项间的相关性,即符合显著性与标准载荷系数值大于 0.70 两个条件,表征相关性较强,相反,若显著性不明显或系数较小(小于 0.4),则表征相对性较弱。本研究所有分析项的标准载荷系数值均大于 0.7,说明具有较强的相关性,具体见表 4.14。

表 4.14 模型验证性因子参数

路径关系			标准载荷系数
复杂性 1	←	复杂性	0.834
复杂性 2	←	复杂性	0.885
复杂性 3	←	复杂性	0.887
资源就绪 1	←	资源就绪	0.885
资源就绪 2	←	资源就绪	0.862
资源就绪 3	←	资源就绪	0.928
高层支持 1	←	高层支持	0.918
高层支持 2	←	高层支持	0.941

续表

路径关系			标准载荷系数
高层支持 3	←	高层支持	0.845
知识产权服务知识 1	←	知识产权服务知识	0.904
知识产权服务知识 2	←	知识产权服务知识	0.928
知识产权服务知识 3	←	知识产权服务知识	0.915
感知伴随心理风险 1	←	感知伴随心理风险	0.815
感知伴随心理风险 2	←	感知伴随心理风险	0.837
感知伴随心理风险 3	←	感知伴随心理风险	0.803
感知伴随心理风险 4	←	感知伴随心理风险	0.814
感知伴随心理风险 5	←	感知伴随心理风险	0.859
感知伴随心理风险 6	←	感知伴随心理风险	0.868
感知核心经营风险 1	←	感知核心经营风险	0.874
感知核心经营风险 2	←	感知核心经营风险	0.844
感知核心经营风险 3	←	感知核心经营风险	0.882
感知核心经营风险 4	←	感知核心经营风险	0.883
感知核心经营风险 5	←	感知核心经营风险	0.870
感知核心经营风险 6	←	感知核心经营风险	0.850
法律保障 1	←	法律与政策保障	0.859
法律保障 2	←	法律与政策保障	0.864
法律保障 3	←	法律与政策保障	0.894
法律保障 4	←	法律与政策保障	0.876
认知信任 2	←	认知信任	0.862
认知信任 1	←	认知信任	0.865
情感信任 2	←	情感信任	0.827
情感信任 1	←	情感信任	0.876

运用 Amos 24.0 对模型进行拟合,拟合值均符合常用指标卡方自由度比(x^2/df)、GFI(拟合优度指数)、RMSEA(近似误差均方根)、RMR(标准化均方根残差)、CFI(比较拟合指数)、NFI(规范拟合指数)和 NNFI(非

基准适配度指数）等的判断标准，模型具有良好的拟合度，具体见表 4.15。

表 4.15　模型拟合指标

常用指标	判断标准	数值	常用指标	判断标准	数值
χ^2	—	463.544	NNFI	>0.9	0.980
df	—	337	TLI	>0.9	0.980
p	>0.05	0.000	AGFI	>0.9	0.884
χ^2/df	<3	1.376	IFI	>0.9	0.983
GFI	>0.9	0.910	PGFI	>0.9	0.705
RMSEA	<0.10	0.035	PNFI	>0.9	0.781
RMR	<0.05	0.017	SRMR	<0.1	0.029
CFI	>0.9	0.983	AIC	越小越好	14208.638
NFI	>0.9	0.941	BIC	越小越好	14576.39

三、结构方程模型分析

（一）模型分析

通过以上分析，基于感知风险的中小企业知识产权公共服务采纳意向影响模型符合假设检验要求，因此，通过统计软件 Amos 24.0 对假设 4.1（复杂性与知识产权公共服务感知风险）、假设 4.2（法律与政策保障与知识产权公共服务感知风险）、假设 4.3（供应方信任与知识产权公共服务感知风险）、假设 4.4（资源就绪与知识产权公共服务感知风险）、假设 4.5（高层支持与知识产权公共服务感知风险）、假设 4.6（受教育程度与知识产权公共服务感知风险）、假设 4.7（知识产权公共服务知识与感知风险）、假设 4.8（知识产权公共服务感知风险与采纳意向）这 8 个假设关系进行结构方程模型分析，如图 4.2 所示。

进行模型拟合后，无论是显变量还是潜变量，均会输出对应的残差项估计值，但残差项估计值意义相对较小，通常无实际意义，可直接忽略，本模型输出结果中亦忽略残差值，计算结果详见表 4.16。

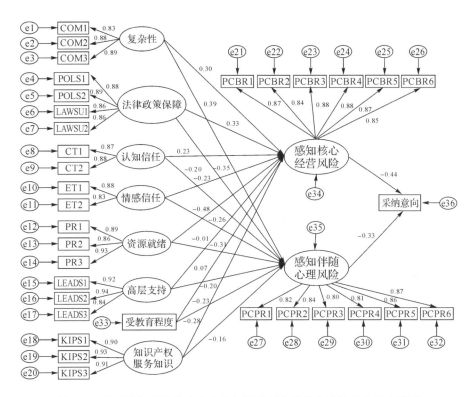

图 4.2 基于感知风险的中小企业知识产权公共服务采纳意向影响模型

表 4.16 结构方程模型各变量之间的路径关系及具体系数计算结果

路径关系		标准化回归系数	S. E.	C. R.	p
感知核心经营风险 ←	高层支持	−0.010	0.043	−0.202	0.840
感知伴随心理风险 ←	高层支持	−0.192	0.037	−3.826	***
感知核心经营风险 ←	资源就绪	−0.475	0.043	−9.919	***
感知伴随心理风险 ←	资源就绪	−0.314	0.040	−6.074	***
感知核心经营风险 ←	知识产权服务知识	−0.284	0.038	−6.424	***
感知伴随心理风险 ←	知识产权服务知识	−0.161	0.036	−3.254	**
感知核心经营风险 ←	复杂性	0.302	0.048	6.648	***
感知伴随心理风险 ←	复杂性	0.394	0.048	7.404	***
感知核心经营风险 ←	受教育程度	0.068	0.035	1.624	0.104
感知伴随心理风险 ←	受教育程度	−0.227	0.039	−4.231	***

续表

路径关系			标准化回归系数	S.E.	C.R.	p
感知核心经营风险	←	法律与政策保障	−0.331	0.042	−8.325	***
感知伴随心理风险	←	法律与政策保障	−0.351	0.049	−9.731	***
感知核心经营风险	←	认知信任	−0.229	0.073	−3.293	***
感知伴随心理风险	←	认知信任	−0.199	0.049	−4.294	***
感知核心经营风险	←	情感信任	−0.226	0.083	−2.823	***
感知伴随心理风险	←	情感信任	−0.262	0.054	−7.258	***
采纳意向	←	感知核心经营风险	−0.438	0.044	−8.895	***
采纳意向	←	感知伴随心理风险	−0.326	0.042	−7.966	***

注：*** 表在1%的水平上显著。

（二）假设检验

1.情境因素对知识产权公共服务感知风险影响分析

对情境因素（服务复杂性、法律与政策保障、供应方信任）与中小企业知识产权公共服务感知风险的关系假设进行验证。结果如表4.17所示，假设3.1至假设3.3的 p 值均在1%的水平上显著，且标准化回归系数与假设内容的趋向一致，假设成立。也就是说，研究考察的三个情境因素对中小企业知识产权公共服务感知风险存在显著影响，其中服务复杂性对知识产权公共服务感知风险的影响是正向的，法律及政策保障、供应方信任对知识产权公共服务感知风险的影响是负向的。另外，对比分假设间的标准化回归系数，可以发现知识产权服务复杂性、法律与政策保障及供应方情感信任对伴随心理风险感知的影响作用都大于核心经营风险感知；供应方认知信任对核心经营风险感知的影响作用大于伴随心理风险感知。

表 4.17　情境因素与知识产权公共服务感知风险的关系假设验证

假设	标准化回归系数	p	结论
假设 4.1a:服务复杂性显著正向影响知识产权公共服务核心经营风险感知	0.302	***	支持
假设 4.1b:服务复杂性显著正向影响知识产权公共服务伴随心理风险感知	0.394	***	支持
假设 4.2a:法律与政策保障显著负向影响知识产权公共服务核心经营风险感知	−0.331	***	支持
假设 4.2b:法律与政策保障显著负向影响知识产权公共服务伴随心理风险感知	−0.351	***	支持
假设 4.3a:认知信任显著负向影响知识产权公共服务核心经营风险感知	−0.229	***	支持
假设 4.3b:认知信任显著负向影响知识产权公共服务伴随心理风险感知	−0.199	***	支持
假设 4.3c:情感信任显著负向影响知识产权公共服务核心经营风险感知	−0.226	***	支持
假设 4.3d:情感信任显著负向影响知识产权公共服务伴随心理风险感知	−0.262	***	支持

注:*** 表在 1%的水平上显著。

2.企业因素对知识产权公共服务感知风险影响分析

对企业因素(资源就绪、高层支持)与中小企业知识产权公共服务感知风险的关系假设进行验证,结果如表 4.18 所示。

表 4.18　企业因素与知识产权公共服务感知风险的关系假设验证

假设	标准化回归系数	p	结论
假设 4.4a:资源就绪显著负向影响知识产权公共服务核心经营风险感知	−0.475	***	支持
假设 4.4b:资源就绪显著负向影响知识产权公共服务伴随心理风险感知	−0.314	***	支持
假设 4.5a:高层支持显著负向影响知识产权公共服务核心经营风险感知	−0.010	0.840	不支持

续表

假设	标准化回归系数	p	结论
假设 4.5b:高层支持显著负向影响知识产权公共服务伴随心理风险感知	−0.192	***	支持

注:*** 表在 1% 的水平上显著。

由上表可知,假设 4.4、假设 4.5b 的 p 值均在 1% 的水平上显著,且标准化回归系数与假设内容的趋向一致,假设成立;假设 4.5a 的 p 值为 0.840,未达到显著水平,假设不成立。也就是说,资源就绪对知识产权公共服务核心经营风险感知与伴随心理风险感知都存在显著负向影响;高层支持对知识产权公共服务伴随心理风险感知的负向影响显著,但对核心经营风险感知的作用不明显。另外,对比回归系数可以看出,资源就绪对知识产权公共服务核心经营风险感知的影响作用大于对伴随心理风险感知的影响作用。

3.决策人特质因素对知识产权公共服务感知风险影响分析

本节采用结构方程模型与均值分析结果来检验决策人特质因素(性别、受教育程度、知识产权服务知识)对知识产权公共服务感知风险的影响及差异。

首先,为了比较不同性别决策人在知识产权公共服务风险感知两个维度上的区别,本研究进行了独立样本 t 检验。结果(见表 4.19)表明,从比较均值方面可以看出,不管是男性决策人还是女性决策人,其对核心经营风险的感知都要高于伴随心理风险;在对伴随心理风险的感知程度上,女性决策人(3.916)要显著高于男性决策人(3.404),假设 4.6b 假设成立;在核心经营风险上,男性感知程度(3.704)与女性感知程度(3.706)差异不显著,假设 4.6a 未通过检验。

表 4.19　不同性别决策人知识产权公共服务风险感知差异分析

变量	核心经营风险	伴随心理风险
总体	3.705	3.577

变量	核心经营风险	伴随心理风险
男性	3.704	3.404
女性	3.706	3.916
F 值	0.142	21.976
Sig.	0.707	0.000

　　对决策人特质因素(受教育程度、知识产权服务知识)与知识产权公共服务感知风险的关系假设进行验证,结果如表 4.20 所示。

表 4.20　决策人特质因素与知识产权公共服务感知风险的关系假设验证

假设	标准化回归系数	p	结论
假设 4.6c:决策人受教育程度越高,知识产权公共服务感知核心经营风险越低	0.068	0.104	不支持
假设 4.6d:决策人受教育程度越高,知识产权公共服务感知伴随心理风险越低	−0.227	***	支持
假设 4.7a:决策人具备的知识产权服务知识越多,其感知核心经营风险越低	−0.284	***	支持
假设 4.7b:决策人具备的知识产权服务知识越多,其感知伴随心理风险越低	−0.161	**	支持

　　注:**、***分别表示在 5%、1%的水平上显著。

　　由上表可知,假设 4.6d、假设 4.7a 的 p 值在 1%的上水平上显著,假设 4.7b 在 5%的水平上显著,且标准化回归系数与假设内容的趋向一致,假设成立;假设 4.6c 的 p 值为 0.104,未达到显著水平,假设不成立。也就是说,决策人具备的知识产权服务知识对知识产权公共服务核心经营风险感知与伴随心理风险感知都存在显著负向影响;受教育程度对知识产权公共服务伴随心理风险感知存在显著负向作用,但对核心经营风险感知的影响不显著。

　　4.知识产权公共服务风险感知对企业采纳意向的影响分析

　　对知识产权公共服务风险感知与采纳意向的关系假设进行验证,结果如表 4.21 所示,假设 4.8a 与假装 4.8b 的 p 值均在 1% 的水平上显著,且标准化回归系数与假设内容的趋向一致,假设成立,即知识产权公共服务核心经营风险感知与伴随心理风险感知都对企业采纳意向产生显著负向影响,且核心经营风险感知的影响作用更大。

表 4.21　知识产权公共服务感知风险对采纳意向影响关系假设验证

假设	标准化回归系数	p	结论
假设 4.8a:核心经营风险感知显著负向影响企业知识产权公共服务采纳意向	-0.438	***	支持
假设 4.8b:伴随心理风险感知显著负向影响企业知识产权公共服务采纳意向	-0.326	***	支持

注:*** 表在 1% 的水平上显著。

第五节　研究结论和讨论

一、知识产权公共服务感知风险及其维度构建

基于有限理性行为理论与感知风险理论,结合中小企业创新采纳、决策与知识产权服务特性,本章构建了中小企业知识产权公共服务采纳意向影响模型,经过探索性和验证性因子分析,表明中小企业知识产权公共服务感知风险可以划分为以下两个维度:一是核心经营风险,它反映了中小企业在知识产权公共服务采纳中面临的企业信息与机密泄露风险、侵权与维权风险、经济绩效风险等直接影响企业经营发展的要素。二是伴随心理风险,它反映了决策人在参与知识产权公共服务采纳决策过程中产生的个人顾虑与决策选择层面的心理冲突。

从结构方程模型结果来看,以上两个维度可以构成较为稳定的一阶的二因子结构和二阶的单因子结构。也就是说,知识产权公共服务感知风险既可以划分为两个维度,也可以作为一个整体。

二、情境、企业及个人因素对服务风险的影响

本章分析了影响知识产权公共服务风险感知的主要因素,建构出结构模型,并通过实证分析了情境、企业及决策人特质等三方面因素对知识产权公共服务风险感知的影响效应,得出以下主要结论。

(一)情境因素对知识产权公共服务风险感知的影响

实证检验服务复杂性、法律与政策保障及供应方信任等情境因素与中小企业知识产权公共服务感知风险的关系,发现这三个情境因素均对中小企业知识产权公共服务感知风险存在显著影响。

服务复杂性显著正向影响核心经营风险感知与伴随心理风险感知,且从回归系数来看,服务复杂性对伴随心理风险感知的影响作用大于核心经营风险感知。也就是说,在知识产权公共服务采纳中,决策人对服务复杂性的感知会影响其对知识产权公共服务的风险感知,服务复杂性感知越高,核心经营风险感知与伴随心理风险感知也越高。另外,在面对复杂的知识产权公共服务时,中小企业决策人心理不确定性感知受到的影响更大。通过这一结论,可以从侧面对中小企业高端知识产权服务需求不旺盛的表现进行解释。不考虑价值因素对企业需求的驱动,高端知识产权服务的需求阻力中可能包含风险。因为,高端知识产权服务所涉知识或技术一般更具专业性和复杂性,依据本研究逻辑,中小企业决策人在采纳过程中的风险感知较一般服务强,导致企业采纳意愿减弱。

法律及政策保障显著负向影响知识产权公共服务核心经营风险感知与伴随心理风险感知。也就是说,在知识产权公共服务采纳中,决策人对相关法律体系完备、执法公正性和效率性、政策支持等法律与政策保障性的评估越高,对知识产权公共服务核心经营风险与伴随心理风险的感知会越低。

供应方信任显著负向影响知识产权公共服务核心经营风险感知与伴随心理风险感知。具体为:供应方认知信任与情感信任均显著负向影响知识产权公共服务核心经营风险感知;供应方认知信任与情感信任均显

著负向影响知识产权公共服务伴随心理风险感知;供应方情感信任比认知信任对知识产权公共服务伴随心理风险感知的影响更大。由此可见,对供应方的信任情况是影响中小企业对知识产权公共服务风险评估的重要因素,且情感信任的重要性不容忽视。

（二）企业因素对知识产权公共服务风险感知的影响

结合文献梳理和走访调研,本研究选取了高层支持与资源就绪两个企业因素,通过实证检验其与知识产权公共服务风险感知之间的作用关系。实证分析发现,资源就绪对知识产权公共服务核心经营风险感知与伴随心理风险感知都存在显著负向影响,且对核心经营风险感知的负向影响作用更大;高层支持对知识产权公共服务伴随心理风险感知的负向影响显著,但对核心经营风险感知的作用不明显。展开来说,就是中小企业若已经为知识产权公共服务引入配备相应人力、物力及财力等资源,准备充足,则决策人在服务采纳中也会对其引入及未来使用更加有信心,因而对经营风险的评估较低。另外,伴随心理风险的一个主要内容是决策者个人因失误或非最优决策而引发的来自高层等重要人物负面看法的担忧、矛盾等心理感受,而调研取样中的决策人很多本身就是企业高层,因而在这一问题上的冲突较弱,这可能是造成高层支持对决策人知识产权公共服务伴随心理风险感知影响不显著的原因。

（三）决策人特质因素对知识产权公共服务风险感知的影响

通过实证检验决策人特质因素对其在知识产权公共服务采纳中风险感知的影响,发现不同性别、受教育程度、具备知识产权服务知识的决策人在知识产权公共服务风险感知两个维度上表现出一定的差异性。整体上,中小企业决策人对知识产权公共服务核心经营风险的感知高于伴随心理风险。

首先,性别差异对知识产权公共服务风险感知的影响呈现出一些特征,具体为:第一,在知识产权公共服务风险感知的两个维度上,男性与女性决策人对核心经营风险的感知水平都高于伴随心理风险;第二,女性决策人对伴随心理风险的感知显著高于男性决策人,但在核心经营风险维上,男性与女性的感知差异不显著。由此说明,在知识产权公共服务采纳的风险考量上,中小企业管理者的顾虑主要集中在经营方面的不确定性上,这与我们在访谈中收集到的情况一致。另外,女性决策人对心理风险的感知显著高于男性的原因可能有二:一是女性普遍较为感性,致使其在采纳决策中的心理风险感知更高;二是中小企业的管理结构相对简单,"一把手"的话语权强且男性比例高,取样的女性决策人大多非企业"一把手",因此其在决策中的顾虑和矛盾还来自高层对自己的看法等多个方面,导致其心理风险感知更高。

另外,决策人具备的知识产权服务知识对知识产权公共服务核心经营风险感知与伴随心理风险感知都存在显著负向影响;受教育程度对知识产权公共服务伴随心理风险感知存在显著负向作用,但对核心经营风险的感知影响不显著。由此说明,决策人的知识水平,尤其是知识产权服务相关知识的掌握程度,会在一定程度上影响其在知识产权公共服务采纳中的风险感知。

三、风险感知对中小企业服务采纳意向的影响

本研究就中小企业知识产权公共服务采纳意向和风险感知间关系的相关结论为:知识产权公共服务核心经营风险感知与伴随心理风险感知都对企业采纳意向存在显著负向影响,且核心经营风险感知的负向影响作用更大。

（一）知识产权公共服务核心经营风险感知对采纳意向的影响

本研究中,知识产权公共服务核心经营风险感知的测量因子内容集中在企业信息与机密泄露、侵权与维权及经济绩效等方面。实证研究表明,知识产权公共服务核心经营风险感知对企业采纳意向存在显著负向影响,且相较伴随心理风险感知,核心经营风险感知对知识产权公共服务采纳意向的负向影响更大。

（二）知识产权公共服务伴随心理风险感知对采纳意向的影响

知识产权公共服务伴随心理风险感知对采纳意向存在显著负向影响。其中，知识产权公共服务伴随心理风险感知，反映了决策人在参与知识产权公共服务采纳过程中产生的个人顾虑与决策选择层面的心理冲突。结合本结论，除了被普遍关注的经营类风险感知，企业决策人心理风险感知的作用值得关注和进一步思考。

第五章　中小企业知识产权公共服务满意度实证分析

本章聚焦服务运用后阶段,调查了中小企业知识产权公共服务满意度情况。即通过实证研究,从中小企业的角度出发,了解中小企业对当前政府提供的知识产权公共服务的总体感受,探究知识产权公共服务满意度的影响因素与机制,有助于面向中小企业知识产权公共服务供给情况进行精准化评价,提出有针对性、建设性的建议,以更好地满足中小企业创新发展过程中被忽视的知识产权服务需求。

第一节　模型构建与阐释

一、模型构建

前文对顾客满意度模型与公共服务满意度相关研究成果的综述和分析,为针对知识产权公共服务满意度的相关分析构建了基础。本章基于ACSI模型,结合知识产权公共服务特性与实际,构建了知识产权公共服务满意度模型(如图5.1所示),重点研究感知服务质量、感知服务价值、服务满意度的评价,以及三者间的影响关系。

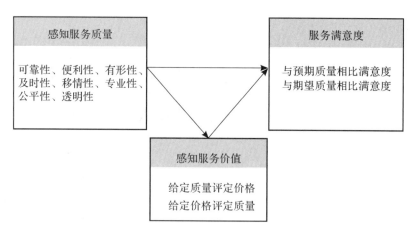

图 5.1　中小企业知识产权公共服务满意度模型

二、变量阐释

(一)感知服务质量

1.感知服务质量的概念界定

相较于实体产品,服务具有无形性、异质性、易逝性、生产与消费同步性等特点,这导致顾客在进行服务质量评估时无法像对实体产品一样,根据外观和性能等客观指标进行判断,只能通过服务过程形成主观感知。基于这一认识,芬兰学者 Grönroos(1983)首先提出了"感知服务质量"的概念。之后,以 Parasuraman、Zeithaml 及 Berry 等为代表的学者对感知服务质量的内涵、结构等进行了深入论证,形成了丰富的研究成果(Parasuraman et al.,1985)。目前,对感知服务质量概念的界定主要有以下几类观点:第一,感知服务质量来源于顾客对服务质量的实际感知与预期的对比(Grönroos,1983;Parasuraman et al.,1985);第二,感知服务质量就是服务质量的实际水平(Cronin et al.,1992);第三,感知服务质量是服务满足顾客需求的程度(范秀成,1999)。可见,学界对感知服务质量下定义时虽然角度和侧重点不同,但均认为其本质是对顾客需求满足程度的体现。本章关注的"公共服务质量"是"服务质量"概念在公共管理领域的延伸。对公共服务质量的内涵界定,学者的主要分歧在于公共服务质量的评判标准。一部分学者认为,公共服务具有自身特性,其质量应由特性决定,须符合功能最大化、公共精神等标准(尤建新等,2005);一部分学者则认为,公共服务质量的评判标准应当是其满足公众需求的程度,即公众对服务的满意程度(姜晓萍等,2018);还有一部分学者认为,公共服务质量由其自身特性与满足公众需求的程度两方面共同决定(吕维霞,2010)。

2.知识产权感知服务质量的测量

关于感知服务质量的测量,最早可以追溯到 Grönroos 在 1982 年提出的模型——总体感知服务质量模型(Model of Total Perceived Service Quality)。之后,Parasuraman 等(1985)提出了基于期望差距理论的 SERVQUAL 模型,认为服务质量可以从可靠性、响应性、保证性、有形性及移情性等五个维度进行评价。Cronin 等(1992)在研究中继承 SERVQUAL 模型的评价维度与指标,重点对测量方法进行优化,提出了 SERVPERF 模型。目前,SERVQUAL 模型和 SERVPERF 模型作为学界普遍认可的较为科学及全面的顾客服务质量评价模型,被广泛应用于公共服务质量研究中。自 20 世纪 90 年代起,我国学者对公共服务质量的要素构成进行了一系列探索。例如,吕维霞(2010)指出,政府服务质量评价中除包含便利性、可靠性、时效性等一般维度,还应增加对守法性和透明性的考察;周志忍(2000)在研究中提出,对公共部门服务质量的评价应包含透明、可靠、保证、响应、有形及移情等六个特性要素;程方升(2007)则提出从礼貌、专业、可信、有形等维度进行地方政府服务质量评价模型的构建;陈朝兵(2017)提出公共服务质量测评体系应纳入共享、法治、公平、参与、公益、透明、可及等体现"公共性"的要素。综合来看,大部分公共服务质量评价研究都是通过借鉴 SERVQUAL 模型和 SERVPERF 模型的核心要素,调整部分指标并增加诸如公平、透明、法治、公益、专业等公共服务特性维度,以兼顾公共服务的"服务性"与"公共性"。

参照上述感知服务质量与公共服务质量的基本观点,本章将知识产权公共服务感知质量定义为:中小企业对知识产权公共服务的质量感知满足其需求程度的客观度量。在具体测量上,借鉴 SERVQUAL 模型和

SERVPERF 模型中对感知服务质量评价的核心要素,并参考学界对公共服务感知质量特性的研究,结合知识产权公共服务自身实际,拟从可靠性、便利性、有形性、及时性、移情性、专业性、公平性、透明性等八个维度展开分析。

(二)感知服务价值

Zeithaml(1988)第一个提出了"感知价值"的概念,并将其释义为顾客为获得产品或服务所付出的成本与感知到的产品或服务的价值的对比,即感知利得或利失。Sweeney(1991)等对感知价值理论做了进一步拓展,指出简单地从价格与质量的对比来定义感知价值是不全面的,还应该增加功能性、社会性及情感性等价值层面的解释。Moore(2000)将感知价值理论引入公共管理领域,提出公共服务的目标是满足公众需要,从而创造公共价值,"公共服务感知价值"的概念由此而来。目前,学界虽未对公共服务感知价值形成统一的界定,但主流研究基本上都沿用了前述提到的顾客感知价值的观点。

随着研究的不断推进,学者基于对感知价值所持的不同观点,提出了相应的测量方法。其中,比较有代表性的有:Zeithaml(1988)提出从价格、服务与价格比较、满意度及利益四个维度对感知服务价值进行模型构建和测量;Best(1997)认为感知服务价值由感知利益、经济价值、情感利益三个维度构成;Parasuraman 等(2000)研究指出,感知服务价值贯穿于服务的购买和使用全程,具有动态变化的特征,包括顾客获得的效用价值、情绪价值、附加利益等;Sweeney 等(2001)认为,感知服务价值由质量、价格、社会价值及情感价值等维度构成。在知识产权公共服务中,中小企业作为服务对象,在享受服务的同时也付出了税收、费用、时间等成本。由此,本章将知识产权公共服务感知价值解释为:中小企业在接受政府提供的知识产权公共服务中,对感知利益与付出成本之间的权衡。

(三)服务满意度

在新公共服务理论视域下,国内外很多学者认为"公共服务满意度"的概念中包含着"顾客导向"的隐喻,即政府在进行公共服务的供给时,应当以令社会、企业、公众等服务对象感到满意为导向。在对"公共服务满意度"概念界定的研讨中,比较有代表性的观点有:David 等(1992)指出,公共服务满意度是政府公共服务效果与公众期望匹配程度的表征,应当作为评价政府绩效的主要指标;Lewis(2007)等提出,公共服务满意度的本质是公众基于服务感知对政府的认可程度,包含情绪和认知两方面的体验;尤建新等(2005)、王谦等(2006)认为,公共服务满意度是一种对公众心理状态的量化反映;陈俊星(2011)等则指出,公共服务满意度是公众在接受公共产品或服务后将实际体验与预期进行对比后的心理状态。综合以上研究成果,本章将知识产权公共服务满意度定义为:公众在接受知识产权公共服务后将实际感知与预期进行对比后的心理感受和评价。

第二节　假设提出

一是关于感知服务质量对知识产权公共服务满意度的直接影响作用。美国 ACSI 模型、欧洲 ECSI 模型及我国 CCSI 模型都对感知服务质量与满意度间的关系进行了研究。虽然三个模型的研究变量与关系不尽相同,但都一致认为感知服务质量对满意度起正向影响作用。在公共管理领域,这一观点同样得到了大量的研究支持(刘武等,2006;Rhee et al.,2009;何华兵,2012;梁昌勇等,2015)。

二是关于感知服务价值对感知服务质量与知识产权公共服务满意度之间关系的中介作用。感知服务价值的中介作用同样已经在美国 ACSI 模型、欧洲 ECSI 模型及我国 CCSI 模型中得以论证。但在公共管理领域,学界和政府普遍更关注公共价值的实现,对公众个体的感知价值讨论相对较少。Moore(2000)将感知价值理论应用到公共管理领域,提出公共服务的目标是满足公众需要,从而创造公共价值。郁建兴等(2019)提出"以民众为中心"的公共服务准则,认为公共价值的创造来源于公众使用公共服务的过程,强调了价值共创的理念。Smith 等(1997)也认为公共部门应当关注公众在公共服务或产品中的价值获得。

基于前述研究,本章认为中小企业在使用知识产权公共服务时,对所享受服务的质量感知越高,越有利于其对知识产权公共服务形成较高的价值获得和满意度。另外,知识产权公共服务虽然具有公益性,但中小企业在使用中也会产生诸如费用、税收、时间、机会等显性或隐性成本,对比服务体验后的感知利得与利失势必影响其满意度评价。由此,本章提出如下假设:

假设 5.1:感知服务质量正向影响知识产权公共服务满意度,即感知服务质量越高,知识产权公共服务满意度也越高。

假设 5.2:感知服务质量正向影响知识产权公共服务感知价值,即感知服务质量越高,知识产权公共服务感知价值也越高。

假设 5.3:感知服务价值正向影响知识产权公共服务满意度,即感知服务价值越高,知识产权公共服务满意度也越高。

第三节 问卷设计与测量

前述研究构建了中小企业知识产权公共服务满意度模型并提出了相应的研究假设,本节将进一步就如何验证前文构建模型和假设,进行实证研究设计。

一、问卷设计与调查

根据前文提出的中小企业知识产权公共服务满意度模型和相应的研究假设,下面将对各观测量表指标的设计依据及问项内容进行具体阐述。

（一）观测量表指标

为便于开展后续研究,本节将模型中包含的潜变量——知识产权公共服务满意度、感知服务质量、感知服务价值分别用 PSS、PSQ、PSV 代替。知识产权公共服务满意度包含感知服务质量与预期质量相比的满意度、感知服务质量与期望质量相比的满意度,相应的编号为 PSS1、PSS2、其余潜变量下属要素指标编号类同。量表中各变量指标均依据和借鉴学界较为成熟的研究成果,具体设计及来源详见表 5.1。

表 5.1 观测变量介绍

潜变量	具体指标	指标编号	指标来源
感知服务质量	可靠性	PSQ1	Cronin 等(1992)、吕维霞(2010)
	便利性	PSQ2	
	有形性	PSQ3	
	及时性	PSQ4	
	移情性	PSQ5	
	专业性	PSQ6	Grönroos(1983)、程方升(2007)
	公平性	PSQ7	吕维霞(2010)、周志忍(2007)、陈朝兵(2017)
	透明性	PSQ8	
感知服务价值	给定质量评定价格	PSV1	ACSI 模型、Zeithaml(1988)
	给定价格评定质量	PSV2	
服务满意度	与预期相比满意度	PSS1	Lewis(2007)、尤建新等(2005)、陈俊星(2011)
	与期望相比满意度	PSS2	

(二)问卷项目内容

关于知识产权公共服务满意度测评的问题项目内容,本节主要借鉴美国 ACSI 模型中关于顾客满意度的测评问题设计,包含感知服务质量与预期对比满意度、与期望对比满意度以及整体满意度等三个满意度观测变量,而这种做法在公共服务领域的应用也较为广泛。由此,知识产权公共服务满意度设置三项测题,在测量上采用李克特五级量表,被调查对象按照对问项内容描述的赞同程度在 1 到 5 分之间进行评分,分数越高表示越满意。具体来看,题目内容分别为:"您对当前知识产权公共服务的总体满意度是?""现有知识产权公共服务符合或满足您期望的程度是?""现有知识产权公共服务达到您理想中完美状态的程度是?"

感知服务质量包含可靠性、便利性、有形性、及时性、移情性、专业性、公平性、透明性等八个维度。在各维度的题目设计上，主要借鉴 SERVQUAL 模型和 SERVPERF 模型中对感知服务质量相关问题的描述，并参考学界对感知公共服务质量公共性的研究，结合知识产权公共服务自身实际，共设置 25 项测题，在测量上采用李克特五级量表，被调查对象按照对问项内容描述的同意程度在 1 到 5 分之间进行评分，分数越高表示越同意。其中，可靠性测题（共 3 项）包括"能够一贯地提供良好服务""能提供准确可靠的服务""能按时履行服务承诺"；便利性测题（共 3 项）包括"网上审批、网上办事方便""材料准备简单，手续便捷""行政审批时间短"；有形性测题（共 3 项）包括"提供服务的各类网站、系统建设运行良好""服务大厅硬件设施好，服务人员的着装形象良好""办事制度、规章流程清晰明确"；及时性测题（共 3 项）包括"向政府部门申请所需服务不需要花费很长时间""若有需要，企业可以得到及时的帮助""服务机构/人员随时愿意为企业提供帮助"；移情性测题（共 3 项）包括"符合一般企业的基本需求""能满足企业的个性化需求""能为企业着想，服务人性化"；专业性测题（共 3 项）包括"服务具备较高的技术和知识产权相关知识含量，有针对性""服务人员具有知识产权相关技能和职业素养""服务实施规范科学，专业性强"；公平性测题（共 3 题）包括"在同等条件下，政策覆盖不存在倾斜和差异，可以公平享受""关系、人情等因素不会影响服务获取和服务质量""在同等条件下，资源分配不存在倾斜和差异，可以公平享受"；透明性测题（共 4 项）包括"服务收费项目明确""可以很方便地进行各类建议反馈和投诉""各类审查、审批结果透明公开""办事程序公开"。

感知服务价值主要借鉴美国 ACSI 模型、欧洲 ECSI 模型及我国 CCSI 模型中对顾客感知价值的相关描述，从中小企业在知识产权公共服务使用中感知利得和利失的角度，共设置"按照当前服务，企业缴纳的税费与所享受的服务对等""按照缴纳的税费，企业所享受的服务比未缴纳时好"两项测题，采用李克特五级量表，被调查对象按照对问项内容描述的同意程度在 1 到 5 分之间进行评分，分数越高表示越同意。

（三）预调研分析

虽然本章问卷的问项均来自已有成熟量表，但从科学性、严谨性的角度出发，还是需要进行预测试，对问卷的内容、结构进行分析检验，修正问卷问题，确保问卷质量良好。

1. 检验问卷的内容效度

本次内容效度检验中，先后共邀请了 13 位专家（包括 5 位高校教授和 8 位中小企业管理人员），对测量问题与变量的表征是否一致、概念是否存在交叉重叠等情况进行了判断，我们根据专家意见对问卷进行了修订和完善。

2. 检验问卷的结构效度与信度

在杭州、宁波、苏州等地，我们通过实地访谈和线上发放问卷等方式采集到 121 份有效问卷，运用探索因子分析法和信度分析法对样本数据进行分析后发现，问卷中各变量量表的 Cronbach's α 值均大于 0.7，表明问卷信度较好；所有问项的因子载荷系数值均达到 0.7，且落到对应变量中，说明修正量表具有较好的区别效度和收敛效度。最后适当根据阅读者即被调查者视角修正表述，形成本研究的正式问卷。

（四）正式问卷要素

正式问卷的要素主要包括：中小企业基本情况、知识产权公共服务满意度及其影响因素调查。其中，中小企业基本情况主要为行业、规模、企业性质等。知识产权公共服务满意度及其影响因素调查内容为：感知服务质量、感知价值和服务满意度。

问卷合计 36 个问项，主要包括企业基本情况（3 个问项）、个人基本资料信息（1 个问项）、知识产权公共服务使用情况（3 个问项）、感知服务质量（25 个问项）、感知服务价值（2 个问项）、服务满意度（2 个问项），详见附录 4。

二、取样与数据收集

(一)样本来源

知识产权公共服务满意度评价的前提是知识产权公共服务使用体验。因此,我们将调查取样锁定为使用过知识产权公共服务的中小企业内有较多服务接触经历的人员。被调查者所在企业主要集中在浙江、江苏、重庆、安徽等地区的中小企业,其中杭州市和宁波市问卷以纸质与网络问卷相结合的方式发放,其他地区问卷以网络方式发放。最终共回收问卷 641 份,剔除部分无效问卷后,582 份有效问卷的数据进入统计。

(二)数据收集与分析方法

本章数据取样使用问卷星在线调查和现场实地调查两种方式。分析方法上,使用 SmartPLS 软件进行数据处理,具体为:第一,对采集数据的质量进行检验;第二,对中小企业基本情况、中小企业的知识产权公共服务质量感知、价值感知、总体满意度等情况进行描述性表达;第三,采用结构方程模型,分析感知服务质量、感知服务价值及知识产权公共服务满意度之间的影响关系。

三、数据质量与检验

(一)信度检验

本章采用目前学术界通用的 Cronbach's α 信度系数进行问卷信度分析。由表 5.2 可知,本次测量中三个潜变量的 Cronbach's α 值分别为 0.975、0.741、0.794,均大于 0.7,表明量表内部一致性较高。

表 5.2　主要潜变量信度

潜变量	Cronbach's α	RHO_A
感知服务质量	0.975	0.975
感知服务价值	0.741	0.741
知识产权公共服务满意度	0.794	0.795

（二）效度检验

根据收集到的样本数据，本章利用 SmartPLS 软件进行了效度检验。由表 5.3 可知，在构造效度方面，不管是综合效度（composite reliability）还是平均方差提取量（average variance extracted），均高于临界值，表明量表具有良好的收敛效度，且满足结构方程的要求。

表 5.3　潜变量构造效度

潜变量	综合效度	平均方差提取量
感知服务质量	0.978	0.849
感知服务价值	0.885	0.794
知识产权公共服务满意度	0.879	0.708

进一步地，对本章建立结构方程的感知服务价值、感知服务质量、知识产权公共服务满意度等三个潜变量的区别效度进行检验。由表 5.4 可知，各潜变量之间存在良好的区别效度。

表 5.4　潜变量区别效度矩阵

潜变量	感知服务价值	感知服务质量	知识产权公共服务满意度
感知服务价值	0.891		
感知服务质量	0.871	0.921	
知识产权公共服务满意度	0.796	0.888	0.841

利用 SmartPLS 软件统计数据进行测算，得到本章假设模型的拟合度水平，详见表 5.5。在绝对拟合度指标方面，SRMR 值为 0.038，符合小于 0.080 的指标要求；在增值拟合度指标方面，按照惯例选取 d_ULS、d_G、NFI 作为评价指标，各项指标均在拟合度推荐数值区间。总体而言，本章数据与模型的匹配效果良好。

表 5.5　模型拟合优度

拟合指标	SRMR	d_ULS	d_G	NFI
推荐数值	<0.080	<0.950	<0.950	>0.900
本章数值	0.038	0.134	0.170	0.935

四、描述性统计分析

(一)样本基本信息统计表

本章共收回问卷 641 份,其中有效问卷 582 份,问卷有效率 90.79%。样本特征如表 5.6 所示:被调查者中,中层管理人员和普通员工占比最高,合计达 64.8%;从企业规模来看,小微企业占比略高于中型企业;从企业所有权性质来看,民营企业占比最高(62.2%),国有企业次之(19.1%);从行业分布来看,样本共涉 11 个行业,各行业样本分布较为均匀。由以上数据可以看出,样本具有较好的普遍性和代表性。

表 5.6 基本信息统计表相关情况

项目	明细	样本量/家	占比/%
被调查者职务	高层管理者	116	19.9
	中层管理者	199	34.2
	基层管理者	89	15.3
	普通员工	178	30.6
所在企业规模	小微	321	55.2
	中型	261	44.8
所在企业性质	国有企业	111	19.1
	民营企业	362	62.2
	混合所有制企业	68	11.7
	外商及港澳台独资企业	35	6.0
	其他	6	1.0
行业分布	装备制造	99	17.0
	服装纺织	20	3.4
	汽车及零部件	45	7.7
	食品及农产品加工	15	2.6
	建材、化工、新材料	104	17.9
	电子信息	75	12.9

续表

项目	明细	样本量/家	占比/%
	新能源、节能环保	77	13.2
	生物医药	68	11.7
行业分布	生产性服务	32	5.5
	生活性服务	33	5.7
	其他	14	2.4

（二）中小企业的知识产权公共服务使用分析

图 5.2 展示了具有使用经历的中小企业对知识产权公共服务项目的选用情况。具体来看，按服务项目选用数量排序，从高到低分别为：知识产权交易（319）、培训服务（303）、法律服务（232）、信息查询及利用（225）、融资服务（213）、专利商标注册等政务服务（201）。也就是说，仅知识产权交易和培训两项服务就达到了半数以上的使用覆盖，其他服务项目的使用仅占受访中小企业数的三分之一左右。另外，通过将该选项的所有服务选用频数总和与 582 家企业数进行运算后，平均每家中小企业使用过的知识产权公共服务项目约为 2 项。

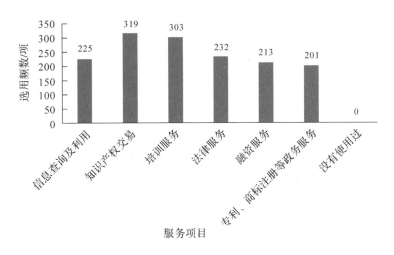

图 5.2　中小企业选用政府提供的知识产权公共服务情况

接着,我们通过问题"以上未使用的服务项目,贵公司不使用的原因是",试图找到知识产权公共服务项目使用率较低的原因。调查结果如图5.3所示,中小企业之所以不选用这些服务,一是不了解这些服务的用途;二是所在企业暂时不需要这些服务;三是已通过商业渠道获取这些服务。另外,值得注意的是,逾三分之一的中小企业表示,未使用的原因是不知道政府提供这些服务。

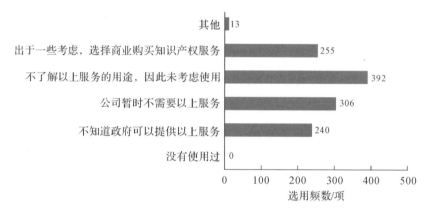

图5.3　企业不选用政府提供的知识产权公共服务的原因

(三)观测变量及其维度描述性统计结果

表5.7列示了本章观测变量及其维度的描述性统计结果,各观测变量样本分布呈右偏特征,观测变量的均值在4.000左右。由表可知,中小企业对知识产权公共服务感知质量八个维度的满意度评价从高到低分别为,专业性(4.023)、有形性(4.022)、透明性(4.001)、公平性(4.000)、及时性(3.995)、可靠性(3.992)、移情性(3.990)、便利性(3.984);中小企业对感知服务价值"给定质量评定价格"与"给定价格评定质量"两维度的评价接近,分别为4.021和4.040;知识产权公共服务满意度三个维度得分分别为3.919、4.036及3.942,总体满意度为3.966。

表5.7　观测变量及其维度的描述性统计结果

变量	样本数	平均值	最小值	最大值	标准差	峰度	偏度
可靠性	582	3.992	1.000	5.000	0.938	2.044	−1.627

续表

变量	样本数	平均值	最小值	最大值	标准差	峰度	偏度
便利性	582	3.984	1.000	5.000	0.920	2.258	−1.693
有形性	582	4.022	1.000	5.000	0.942	2.206	−1.708
及时性	582	3.995	1.000	5.000	0.921	2.050	−1.626
移情性	582	3.990	1.000	5.000	0.921	2.001	−1.615
专业性	582	4.023	1.000	5.000	0.933	2.088	−1.666
公平性	582	4.000	1.000	5.000	0.904	1.940	−1.631
透明性	582	4.001	1.000	5.000	0.885	2.322	−1.725
给定质量评定价格	582	4.021	1.000	5.000	1.068	0.949	−1.187
给定价格评定质量	582	4.040	1.000	5.000	1.060	0.951	−1.189
总体满意度	582	3.919	1.000	5.000	1.050	0.246	−0.902
与预期质量相比满意度	582	4.036	1.000	5.000	1.086	0.755	−1.145
与期望质量相比满意度	582	3.942	1.000	5.000	1.073	0.644	−1.047

第四节　结构方程模型分析

在验证了信度和效度的基础上，本节将利用 SmartPLS 软件，将样本数据代入到结构方程模型中进行计算。

首先，通过构建知识产权公共服务感知服务质量八维（可靠性、便利性、有形性、及时性、移情性、专业性、公平性、透明性）对知识产权公共服务满意度三维度（感知质量与预期对比、与期望对比以及总体满意度）作用的全模型，并代入相关数据计算，结果显示感知服务质量对知识产权公共服务满意度存在显著正向影响，各项指标均达到要求，假设 5.1 得到验证。

其次，构建感知服务质量对感知服务价值二维度（给定质量评定价格、给定价格评定质量）作用的全模型，并代入相关数据，结果显示感知服务质量与感知服务价值显著正相关,假设 5.2 得到验证。

最后,对感知服务价值的中介作用进行验证。将感知服务价值作为中介变量代入结构方程模型(见图 5.4),经过分析和运算得到了感知服务价值中介作用路径系数检验结果(见表 5.8)。

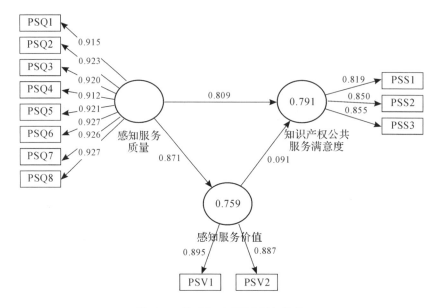

图 5.4　基于 PLS-SEM 回归结果

表 5.8　主要路径回归系数

路径方向	回归系数	p
感知服务质量→知识产权公共服务满意度	0.809	***
感知服务质量→感知服务价值	0.871	***
感知服务价值→知识产权公共服务满意度	0.091	*

注:*、*** 分别表示在 10%、1% 的水平上显著。

从表 5.8 可以看出,结构方程模型中各假设对应路径系数的均通过检验。内生潜变量感知服务价值与知识产权公共服务满意度的拟合系数分别为 0.791 和 0.759,表明内生潜变量能被外衍潜变量解释,达到拟合要求,即验证了本书所建立的知识产权公共服务满意度模型的合理性。

各显变量因子载荷详见表 5.9。

表 5.9 显变量因子载荷

变量	感知服务质量	感知服务价值	知识产权公共服务满意度
可靠性	0.915		
便利性	0.923		
有形性	0.920		
及时性	0.912		
移情性	0.921		
专业性	0.927		
公平性	0.926		
透明性	0.927		
总体满意度			0.819
与预期质量相比满意度			0.850
与期望质量相比满意度			0.855
给定质量评定价格		0.895	
给定价格评定质量		0.887	

对感知服务质量来说,其八个维度的载荷系数均大于 0.900,表明各维度对服务质量感知的解释力较强,其中,专业性、公平性及透明性三个维度载荷系数最高,表明中小企业更重视政府提供的知识产权服务是否专业、公平以及服务的透明度。感知服务价值的两个维度(给定质量评定价格和给定质量评定质量)的载荷系数均大于 0.800。知识产权公共服务满意度的三个维度(与预期质量相比满意度、与期望质量相比满意度以及总体满意度)的载荷系数也均大于 0.800。由显变量因子载荷系数表可知,各显变量对潜变量均具有较强的解释力。

以上实证结果表明,感知服务质量对知识产权公共服务满意度存在显著的正向影响,假设 5.1 得以验证;感知价值在感知服务质量对知识产权公共服务满意度影响关系中起中介作用,即感知质量通过感知价值正向影响知识产权公共服务满意度的作用显著,假设 5.2 和假设 5.3 通过检验。

第五节　量化分析结果与讨论

一、知识产权公共服务满意度与使用情况分析

研究结果显示,中小企业对知识产权公共服务项目的选用按服务项目频数排序,从高到低分别为:知识产权交易服务(319 项)、培训服务(303 项)、法律服务(232 项)、信息查询及利用(225 项)、融资服务(213 项)、专利注册等政务服务(201 项)。也就是说,在受访的 582 家具有知识产权公共服务使用经历的中小企业中,仅知识产权交易和培训两项服务就达到了半数以上的企业使用覆盖,其他服务项目的使用覆盖仅占三成左右,每家中小企业平均使用过约 2 项知识产权公共服务。与此同时,在分析中小企业知识产权公共服务使用率低的原因时发现,排在首位的是不了解服务的用途,其次是企业暂时没有服务需求,再次是已通过商业渠道获取服务。值得注意的是,逾三分之一的中小企业表示,未使用的原因是不知道政府提供这些服务。从以上调查结果不难看出,我国知识产权公共服务在中小企业中的普及度不高,尤其是融资服务、信息查询及利用等高端服务的使用率更是不足,这里面既有企业没有这方面服务需求等客观原因,也有不了解服务用途、不知道政府提供该服务项目等可以通过有效手段进行改善的地方。另外,知识产权公共服务满意度评价为 3.966 分,说明中小企业对服务的总体满意度评价不高。

二、知识产权公共服务感知质量的满意度分析

中小企业对知识产权公共服务感知质量八个维度的满意度评价从高到低分别为,专业性(4.023)、有形性(4.022)、透明性(4.001)、公平性(4.000)、及时性(3.995)、可靠性(3.992)、移情性(3.990)、便利性(3.984)。即,在中小企业对知识产权公共服务质量感知评价中,对知

识产权特性和公共性方面要素的满意度相对较高,而对移情性、便利性等服务性要素的满意度评价相对较低。进一步对以上服务质量各维度的因子载荷系数进行分析,发现:八个维度的载荷系数比较接近,其中专业性、公平性及透明性三个维度的载荷系数最大,表明中小企业重视政府提供的知识产权服务是否专业、公平及透明;在服务特性维度(可靠性、便利性、有形性、及时性、移情性)中,系数最大的两个维度是便利性(0.923)和移情性(0.921)。综合以上知识产权公共服务感知质量的实证结果,我们可以得到以下结论:首先,中小企业对知识产权公共服务感知质量的满意度评价整体偏低,且对专业性、公共性维度的满意度评价相对高于服务特性维度;其次,中小企业最看重知识产权公共服务的专业性、透明性及公平性;最后,在知识产权公共服务质量的服务特性维度上,中小企业最关注便利性与移情性,但这两个恰恰也是满意度评价最低的维度。

三、感知服务质量、价值与总体满意度的关系

本章得到的中小企业知识产权公共服务感知服务质量、价值与总体满意度间关系的相关结论为:感知服务质量对知识产权公共服务满意度存在直接正向影响作用,还通过影响感知价值对知识产权公共服务间接产生正向影响。

（一）感知服务质量对知识产权公共服务满意度的直接效应

本研究中,知识产权公共服务感知质量的测量内容分为可靠性、便利性、有形性、及时性、移情性、专业性、公平性、透明性等维度,来源于知识产权公共服务质量的公共特性、知识产权特性及服务特性等三个方面。实证研究表明,感知服务质量对知识产权公共服务满意度存在显著正向影响。

（二）感知价值对感知服务质量、满意度间关系的中介效应

感知服务质量正向影响知识产权公共服务感知价值,而感知服务价值正向影响知识产权公共服务满意度,即感知价值在感知服务质量影响

满意度的关系中起中介作用。也就是说,中小企业对所使用知识产权公共服务的质量感知越高,越有利于形成感知利得,即较高的感知价值,而较高的感知价值又促进企业产生较高的满意度。结合本结论,除了被普遍讨论的知识产权公共服务质量问题,中小企业的服务价值获得感同样值得关注和思考。

第六章　中小企业知识产权公共服务检视与对策建议

第一节　问题检视与成因分析

一、问题检视

基于前面的质性与量化分析结果,本章对当前我国面向中小企业的知识产权公共服务中存在的问题进行检视,总结如下。

(一)服务资源分布不均、利用率低的问题显著

前文研究中对 582 家具有知识产权公共服务使用经历的中小企业的调查结果显示,仅知识产权交易和培训两项服务达到了半数以上的企业使用覆盖,融资、信息分析等高端服务项目的使用率仅为三成左右,受访中小企业每家平均仅使用过约两项知识产权公共服务。若将所有中小企业纳入服务资源利用率的计算,上述比例还将大大降低。从供给侧来看,中小企业知识产权公共服务表现出部分基础服务供给重复过剩、部分高端与急需服务供给不足,且服务资源分布的地区差异与项目差异较大。比如,在信息服务方面,现行知识产权公共信息服务体系中存在各级平台建设交叉、重复等现象,导致部分基础性信息服务供给过剩、资源浪费;中小企业的产业分布广泛,涉及众多行业、技术领域,但目前的知识产权公共平台信息服务远未达到全覆盖,对新兴及相对小众领域的供给不足。在商用化服务方面,知识产权交易平台只能对技术市场双边进行简单对

接，知识产权服务"最后一公里"尚未打通。

（二）服务范围、层次、种类有限，结构不合理

在对我国知识产权公共服务供给的考察中，我们发现，尽管面向中小企业提供信息检索与分析、金融、维权援助等服务产品，但从范围、层次、种类来看都还十分有限，服务体系总体结构不够合理。一是服务范围有限，如对生物、新材料等新兴产业的信息平台建设，地理标志、农产品商标、民俗文化等非传统领域的服务供给，商用化服务中知识产权金融服务产品、模式开发，以及海外司法维权服务等方面明显不足。二是服务层次有限，现有知识产权公共信息、交易等服务平台，虽然可以实现信息发布、检索及分析等功能，但无法满足中小企业对知识产权相关数据的高级检索、知识产权信息深层次加工、知识产权情报分析等层次的服务需求。三是服务种类有限，同质化较为严重，尤其是中小企业知识产权专项服务发展落后。如域外发达国家实施的专门针对中小企业创新的知识产权项目诊断、专家指导、公益援助、产权融资、海外产权布局等服务项目，在国内还是空白或起步阶段。四是高端服务较少，结构不尽合理。如随着我国中小企业不断走出国门开拓海外市场，涉外经济贸易及技术合作中暴露出的知识产权争端频发，但目前在公共服务领域缺乏足够数量的能提供此类高端知识产权服务的机构。

（三）服务便利性、人性化、及时性等相对不足

知识产权公共服务满意度的实证结果显示，感知服务质量对知识产权公共服务满意度存在显著正向影响，且服务特性类维度（可靠性、便利性、有形性、及时性、移情性）评价均未达到比较满意水平，其中最受中小企业看重的是便利性和移情性，而这两个维度的满意度评价却最低。在走访调研中我们也发现，大多数中小企业对知识产权的相关服务了解非常有限，绝大多数负责人员并非专业出身，对服务流程是否便捷、人性化等较为敏感。同样，也正是由于自身的知识产权资源准备不足、知识产权能力薄弱，中小企业才迫切需要"保姆式"的专业指导。但是，当前我国知识产权公共服务还远未达到专门从中小企业需求出

发,进行公共服务产品设计与实施。

（四）知识产权风险、资金等因素制约依然显著

从中小企业知识产权建设问题考察与服务采纳实证分析中不难看出,知识产权活动中的各类风险,一直是中小企业创新活动中需要着力克服的不确定因素。知识产权活动往往涉及核心技术和高额投入,其风险发生对企业经营发展的威胁较大,加之中小企业本身资源有限,识别、防御、承受风险的能力较弱,风险问题更是突出。实证研究结果也显示,核心经营风险对中小企业知识产权公共服务采纳具有显著的抑制作用。目前,中小企业创新风险分担与补偿等保障机制分散,稳定性与完备性不足,如在知识产权风险分担与补偿问题上,缺乏稳定、完善的机制,导致知识产权公共服务效果有限,对中小企业创新的保障不足;风险缓释机制较为分散,呈现出较强的地域差异,覆盖区域有限,也在一定程度上影响了知识产权公共服务的效果。

长期以来,资金短缺是制约我国中小企业创新的主要因素之一。中小企业人力、物力及资金资源,如专利分析、研发设备和人员配备、聘请专利代理、专利维持等都需要进行高额投入,加之缺乏内外部环境支撑,中小企业的知识产权创新往往面临着较大的失败风险,创新资金压力大、成本高。相较而言,我国知识产权金融服务发展缓慢,很多服务产品设计脱离生产创新规律与中小企业实际,导致服务适用性不强、效果打折,创新成本高等难题的破解受阻。因此,如何降低中小企业创新成本、拓宽中小企业融资渠道及加大资金支持,应是知识产权公共服务的重点内容,也应是政府及相关部门需要着力突破的重要工作。

（五）相关规制、人才等的配套保障不足

知识产权公共服务的发展离不开知识产权政策环境的支持。从前文对2008年以来国务院及各部委发布的与中小企业知识产权有关的政策梳理来看,虽然近几年政策出台呈现出聚焦中小企业创新、重视中小企业知识产权建设的趋势,但仍存在政策制定与管理实施不完善、专门面向中小企业的政策总量不足,以及不健全、操作性差、

扶持力度有限等问题。

从顶层设计来看,中小企业知识产权公共服务相关政策主要来自国务院、工业和信息化部、国家知识产权局等机关部委。其中,工业和信息化部制定的各类促进中小企业发展的政策涉及知识产权服务的内容;国家知识产权局则是从知识产权建设管理的角度,在政策制定与实施中包含了中小企业这一服务对象。但从政策发布的渠道和内容来看,专门面向中小企业知识产权公共服务建设的政策数量不足且存在多部门交叉、缺乏统筹问题,很多服务项目尚处于鼓励和引导的初级探索阶段,政策制定与实施重点还需进一步发展和优化。从落地实施来看,很多政策指导性不足、操作性差。如:在知识产权融资中,对债券、股权的政策指导不足、操作性差;知识产权利益分配、风险分担的相关机制、政策发展落后,中小企业较为关心的创新风险、融资成本等还未得到有效的降低;对知识产权公共服务各类供给主体的责任划分、合作激励、监督管理、绩效考核等机制不足,公共服务效能尚未完全发挥。

另外,实证研究结果表明,知识产权知识、服务复杂性与知识产权公共服务风险感知与采纳意向,而知识也是知识产权公共服务可靠性、专业性等的必要支撑。因此,数量充足、结构合理的专业人才队伍无疑是知识产权公共服务质量、中小企业知识产权公共服务运用效能的重要保障。但整体来看,人才短缺的问题在知识产权公共服务领域中十分突出,具体表现为以下几个方面:第一,知识产权法律、管理等人才培养落后,无法满足社会需要;第二,知识产权公共服务实施人员(行政管理、基层服务等)的专业知识、能力有待提高;第三,国际型、复合型等高层次知识产权人才匮乏。同时,中小企业所需的实务型知识产权人才培养、员工知识产权技能培训等知识产权公共服务保障体系也较为单薄。

二、成因分析

发展面向中小企业的知识产权服务源于我国经济结构调整的战略部署,具有强烈的政策导向性。在供给侧结构性改革背景下,政府职能进一步转变,知识产权公共服务的供给也须以需求为导向,以更加适应、贴近市场。事实上,上文归纳的中小企业知识产权公共服务问题中,既有当下我国知识产权公共服务普遍存在的共性问题,也有专属中小企业的个性化矛盾。追根溯源,其成因可能来自以下四个方面。

（一）知识产权公共服务供给的决策体制方面

如前所述,我国知识产权公共服务的供给涉及多个政府管理部门及各类社会组织,这些部门和组织直接或间接面向社会提供知识产权公共服务。从政府方面看,参与知识产权公共服务的主体机构多达 30 多个,形成了知识产权公共服务的"多头供给""多头管理",也导致事权履行"条块分割"。知识产权事业的决策体制从横向上可以划分为科技和管理两类,纵向上则由中央职能部门自上而下到地方政府,其中还包括分属于各部委的研发机构及企业。在相关政策制定上,知识产权局的角色一般是协调相关部门共同参与,统筹主抓的行政管理功能不突出。虽然多部门参与的政策制定模式能够兼顾知识产权公共服务领域相关主管部门的支持,但却使得知识产权政策制定等工作推进的协调性变差。如在面向中小企业的知识产权公共服务建设中,不仅要遵守国家发展和改革委员会、国家知识产权局的政策法规,也要落实工业和信息化部、科技部等行业管理部门的指导意见,还要参考地方政府以及社会组织的履行与参与情况。由此,导致知识产权公共服务建设的主体责任模糊、缺乏协调性,造成资源投放不均匀、服务效率受限、实施效果难以监督追责。

第一,知识产权公共服务供给缺乏统筹协调,导致服务细分不够,趋同化严重,无法满足中小企业的多样化需求。中小企业的产业分布广泛,对知识产权服务的需求差异性很大。由于供给主体多元且责任模糊,加之缺乏统筹协调,针对中小企业的知识产权公共服务建设都较为宽泛,模式粗放,服务供给无法适应中小企业的发展步伐及个性化需求。

第二,知识产权公共服务供给缺乏统筹协调,导致中小企业需求的表达与反馈通道不通畅,服务响应性差。中小企业的很多知识产权服务需求与创新周期、市场波动等直接相关,具有时效性强的特点。"多头领导""多头汇报"的体制背景下,中小企业的知识产权服务诉求表达通道复杂交错,造成公共服务对需求变化敏感度低、响应滞后。

第三,知识产权公共服务供给缺乏统筹协调,导致共享壁垒和建设重复,产生服务冗余、闲置等资源浪费。首先,服务于知识产权创造的资源投放中,财政部经费支持的科研仪器、基础建设等大部分集中于科研院所,不对外开放,造成部分闲置浪费。与此同时,很多中小企业创新中对这些设备仪器有使用需求,却被排除在外,创新成本高。其次,军工、航空等闲置技术资源的调配,并未向中小企业倾斜,存在技术资源的浪费。最后,地方政府提供的公共服务,往往立足本级、本地区,已建设的知识产权公共服务利用受到区域限制,资源流转和共享不足,存在一定程度的浪费。

(二)知识产权公共服务供给的参与主体方面

知识产权公共服务供给参与主体的能力直接关系着服务供给的水平和质量。目前,我国的知识产权公共服务主要依靠政府供给,具体通过相关行政管理部门及下属单位进行实施。作为政府主体的有益补充,社会性的中介组织也是我国知识产权公共服务供给的重要力量,主要包含行业协会和知识产权(联合)中介等组织。与一般公共服务不同,知识产权公共服务与知识产权活动紧密相连,具有较强的知识性和专业性,相应地,对服务供给主体的能力要求门槛也较高。在知识产权公共服务的供给中,如果地方政府的行政管理部门能力不足,势必影响服务供给的科学性、均衡性,甚至引发道德风险与逆向选择等问题。

知识产权公共服务在坚持由政府主导和供给的同时,也当清醒地认识到政府部门并非无所不能。如在知识产权的市场运作机制、知识产权服务人才培养等方面,与政府部门相比,提供知识产权公共服务的产业联盟和行业协会等社会团体、非营利机构、企业及高校科研院所等,具备更加贴近市场、企业用人需求的特点,因而对中小企业知识产权服务诉求的捕捉更准确,反应也更快。事实上,政府与社会组织类供给主体的协同合作层次较浅,导致其在知识产权公共服务的供给参与上十分有限,未能充分发挥其组织优势,影响了知识产权公共服务的灵活性、多样性与适用性,服务运行体系建设不尽合理。

（三）知识产权公共服务供给的机制建设方面

知识产权公共服务供给责任模糊,实施效果难以监管,未形成有效的奖惩机制。政策实施如果缺少相应奖惩机制,推行效果往往难以保障。我国知识产权公共服务的供给主要依靠政府,各级政府应在知识产权的技术、权利、环境等方面承担支持责任。但实际上,由于职能管理部门间、各级政府及部门间存在管理交叉、责任笼统等问题,导致供给责任范围与内容的模糊,容易造成服务遗漏和供给失衡。如对中小企业而言,研发风险高、资金困难是普遍情况,但地方政府的资金支持对象广泛,申报条件设置"一刀切",看似"一碗水"端平,实则将很多中小企业拒之门外。因此,只有将中小企业的知识产权公共服务责任制定得更加明确和具体,才能切实保障中小企业的创新发展权益。另外,虽然政府出台了大量的知识产权公共服务文件,但重点在前期指导,对实施节点、实施效果等后期考核相对薄弱,缺乏系统、科学的量化指标。政策实施效果难以监控的同时,后续问责也因缺乏依据而难以开展,无法形成"指导—实施—评估—优化"螺旋上升的服务运行机制。

在风险分担与补偿等保障机制建设上,存在分散、稳定性与完备性不足的现象。首先,在知识产权风险分担与补偿问题上,缺乏稳定完善的机制,导致知识产权公共服务内容和效果有限,对中小企业创新的保障不足。其次,现有风险缓释机制较为分散,呈现出较强的地域差异,覆盖区域有限,也在一定程度上限制了知识产权公共服务的效果。另外,知识产权人才培养机制不完善,制约了知识产权高端服务人才、知识产权公共服务人才、企业知识产权专业人才等人才队伍的发展。

（四）中小企业创新问题中的"个性化"方面

目前,我国中小企业的知识产权服务自发需求表现并不十分活跃,处于被动支持向主动获取的转变阶段。从整体上看,中小企业对知识产权公共服务需求不旺盛,且差异较大。一是因为我国经济所处的发展阶段客观决定了大批中小企业还未实现创新发展,即尚未对知识产权服务产生明显需求。二是因为中小企业有知识产权服务需求,但是限于市场选择、内外部因素及风险考虑等制约,表面上呈现出"无需求"。三是因为中小企业限于认识和能力水平,无法识别知识产权服务的价值与自身潜在的知识产权服务需求。也就是说,在中小企业知识产权服务需求低迷的表象下,掩盖着大量被抑制和忽略的需求。

中小企业的自身特点决定了其区别于大企业的知识产权服务需求,也决定了知识产权公共服务的建设方向和重点。与大企业相比,中小企业在开展技术创新与相关知识产权活动中存在以下明显特征:

一是信息资源利用能力欠缺。相较于大企业,中小企业创新实践经验不足,在创新过程中遭遇更多的信息不对称,缺乏对知识产权信息资源功能价值的深刻认识,更没有掌握知识产权信息查询收集、分析评估等技能,在知识产权信息资源的有效利用方面存在较大短板。这一问题的直接后果就是,大量重复研发投入造成资金浪费、研发战略规划不合理,无形中增大了中小企业的创新成本和风险。因此,中小企业相较于大企业,更需要有效获取和利用知识产权信息资源的渠道,尤其是成本低、便捷、优质的知识产权信息。

二是资金紧缺,创新成本高。资金短缺是中小企业普遍存在的共性问题,尤其是研发投入的资金更是十分紧张。长期以来,我国中小企业以较低价的劳动力、较低的环保标准、较低的技术学习与引进壁垒等获得发展优势,但这种粗放、低要素成本的发展模式的条件正在消失。加之国际竞争加剧,很多中小企业"被逼无奈"搞创新。一方面,中小企业在转换发展模式上大多是"零基础",需要进行一系列技术设备、人员、场地等的投入,资金需求大。另一方面,技术创新成果的产出需要时间,中小企业的薄弱基础也决定了其创新失败的可能性较大、项目成功率低,导致创新成本摊高。因此,中小企业需要低成本的创新资源,更需要尽快通过技术成果产出获得融资,以缓解资金压力,形成可盘活的良性资金循环。

三是技术创新基础较为薄弱。技术创新需要企业具备一定的基础,也就是通常所说的资源准备,包含管理制度、专业人员、设备场地、研发资金等配套资源。另外,技术创新的产出和增长具有累积效应,技术储备也是新技术的一个重要基础。显然,我国大多数中小企业在资源准备上并不充足,"底子薄"的情况较普遍。

四是创新风险高、抵抗力差。创新风险是所有创新主体都无法回避的问题。对中小企业来说,技术创新风险来自内外部多个方面。对比大企业,其具备的创新条件更为薄弱,创新失败率更高。更重要的是,技术创新往往需要长时间的持续投入,可能经历反复失败,这一过程对企业的抗风险能力提出了较高的要求。中小企业在艰难的生存竞争中求发展,抗风险能力普遍较弱,这在很大程度上削弱了中小企业参与创新的积极性。

综上,我国知识产权公共服务中,无论是理论研究、政策制定,还是服务实践,都缺乏对各类"个性化"中小企业技术创新、知识产权服务需求问题的系统分析与深入探索,致使政策力度"隔靴搔痒"、服务供给与需求不匹配。首先,对中小企业知识产权服务需求等问题的理论研究不足,对相关政策制定未形成有效参考和支撑。其次,专门面向中小企业的知识产权公共服务的专项政策还比较少,导致服务覆盖范围有限。再次,由于缺乏对中小企业知识产权服务真实需求的掌握,以及各类"个性化"需求的系统分析和诊断,现行政策的针对性较弱、指导性不强,导致服务供给脱离需求、实施效果不佳。最后,中小企业知识产权服务需求受客观经济发展阶段和自身创新能力的制约,有待深度培育、挖掘。Simonini(1999)认为,知识型服务中包含的大量隐性知识,需要通过与服务接受方持续互动才能获得。Muller 等(2001)也指出,知识型服务依赖于与客户的密切关联和高度互动。与用户的互动越紧密持久,对其创新过程越了解,也就越可能发现需求、匹配需求。然而现阶段,多数情况下,知识产权公共服务机构未能对中小企业进行持续互动、跟踪,对其创新活动认识不足,造成知识产权公共服务供给与需求对接不畅、创新服务层次有限。当然,我国知识产权公共服务模式还须不断探索,既要与中小企业的创新意识和需求同步,又要勇于实践和试错,持续改进和优化,以实现对中小企业创新服务的全面化、精准化、现代化。

第二节　对策建议

一、加快服务体系建设

（一）加快建设专门面向中小企业的知识产权公共服务体系

面向中小企业的知识产权服务保障体系应当符合中小企业的创新规律，聚焦解决中小企业创新中的痛点和难点。目前，我国专门面向中小企业的知识产权公共服务体系建设还处于初期探索阶段，存在相关政策数量不足、多部门交叉、缺乏统筹，以及很多服务项目设计、落地、实施等模式不清等问题。因此，当务之急应加快专门面向中小企业的知识产权公共服务平台的建设步伐，为中小企业发展创新提供更为全面、高效的配套公共服务保障。在服务功能上，要根据中小企业在技术创新过程中的各类知识产权服务需求，建设与国家知识产权运营平台体系融合发展的多功能、综合性的中小企业知识产权公共服务平台。同时，完善面向中小企业知识产权公共服务体系的统筹协调模式，推动服务建设的规范化、系统化、体系化。加强各地知识产权数据中心和公共服务平台建设的统筹协调，推进各地建设差异化、特色化的知识产权数据中心、公共服务平台和专题数据库，推动各地横向互联共享，实现财政资金投入产出效益最大化。此外，构建中小企业知识产权公共服务经验交流机制和服务协作机制，在同类型知识产权信息公共服务机构之间形成协作网络。

（二）构建以政府为主体、市场与社会合作供给的服务体系

由于我国知识产权公共服务发展还处于起步阶段，在加强机构建设、优化运行机制、加强基础设施智能化建设、优化服务资源、健全标准规范等方面，政府需要发挥关键核心作用，中央政府和地方政府应明确任务目标，制定公共服务事项清单和标准，鼓励社会力量进入公共服务领域，促进知识产权服务业能力提升，形成"政府—市场—社会"共同参与的多主

体、多层级的知识产权公共服务体系。例如,在知识产权的市场运作机制、知识产权服务人才的培养等方面,与政府部门相比,产业联盟和行业协会等社会团体,以及提供知识产权公益服务的非营利机构、提供知识产权公共服务的企业及高校科研院所等,具备更加贴近市场的特点,因而对中小企业知识产权服务诉求的捕捉更准确,反应更快。

(三)完善知识产权公共服务人才的培养、评价及成长体系

知识产权公共服务需要从业人员不仅具有一般服务人员的职业素质,还要具备高度的行业专业性,从而有效降低中小企业知识产权公共服务的风险感知,增强服务信心与积极预期。因此,建立一支"懂专业、能服务"的知识产权公共服务人才队伍是提高我国知识产权服务水平的有效保障。对此,一要通过高校教育,加大对知识产权公共服务所需专业人才的培养和输送;二要通过培训,提高知识产权服务人员尤其是知识产权公共服务人员的专业水平、服务意识。

人才是发展的关键,培养高层次人才为知识产权公共服务发展注入活力至关重要。随着经济全球化及技术创新的发展,高端知识产权服务需求不断扩大,但能够提供高端服务的高层次人才却严重不足。我国应从国家层面制定知识产权公共服务人才发展战略,通过政策支持,有计划有步骤地加大对复合型、高层次人才的引进与培养,优化人才结构,以提升知识产权公共服务的水平与效果。需要加强高校知识产权教育体系建设,加快推进知识产权专业学位建设,将知识产权公共服务相关课程纳入知识产权专业学位课程体系,将知识产权公共服务基础理论学习与实务技能培训紧密结合,重点培养知识产权专业学位研究生的实践能力,全面完善知识产权公共服务人才培养、评价和成长体系。

二、以企业满意为导向,优化服务内容与质量

(一)提升知识产权公共服务体系的便利性、便捷性

立足中小企业利用知识产权资源能力低下的现实,对标"一站式"公共服务模式,持续提升知识产权业务办理的便利化水平,继而促进中小企

业对各类知识产权公共服务的利用率,进一步增强知识产权公共服务促进创新的效能。一是探索开展知识产权业务办理"告知承诺制",在符合法律和行政法规要求的前提下,减少需要业务办理人参与的各项手续和提供的申请材料,对确需中小企业补正有关材料、手续的,一次性告知需要补正的内容。二是推行证明材料清单制,明确公示各类业务办理需提交的证明材料,对同一申请人此前已提供过的证明材料尽量不要求申请人重复提交。三是要求业务办理窗口、办事人员严格执行有关法律、规章的规定,保证在任何情况下不减损行政相对人权利或增加行政相对人义务。四是研究制定各类知识产权业务批量办理的流程简化和降费措施。致力于通过推进"互联网+政务"服务,着力推动各项业务"一网通办"综合受理,各类业务"只进一扇门,最多跑一次",电话咨询"一号对外""一站式"服务。五是建立中小企业知识产权跟踪和沟通机制,通过为中小企业指派知识产权咨询顾问等方式,对中小企业创新和知识产权活动进行全过程咨询指导服务,提高服务便利性、针对性的同时,可以对中小企业知识产权建设问题、服务情况等进行快速、真实的掌握和反馈。

(二)优化服务产品结构,发展专项、高端知识产权公共服务

加强面向中小企业的知识产权公共服务的产品开发力度,提供咨询服务、业务指导。创新公共服务模式,鼓励专业化服务机构开发、拓展与中小企业创新相匹配的低成本、差异化、特色化服务。实现知识产权"全链条"服务的重要环节,强化对企业的知识产权公共服务,尤其是对议价能力和抗风险能力较弱的中小企业,在其高质量发展阶段显得尤为重要。因此,要不断加强顶层设计,明确要求健全知识产权援助机制,探索具有区域特色的知识产权维权援助模式。通过开展知识产权援助工作,有利促进了中小企业知识产权保护体系建设,丰富了知识产权高端服务的范畴。指导和支持知识产权领域的行业组织,加强与相关行业组织的横向合作,为会员提供高端知识产权信息服务。鼓励和支持高端知识产权信息服务机构,面向市场向社会提供更易获取、更低成本的信息服务。

三、围绕风险纾解，完善相关配套服务保障

作为影响知识产权活动成效的重要因素，知识产权风险问题被学术界广泛关注和讨论，也已作用至制度层面，对我国知识产权法及相关政策的发展与完善起到了指导作用。需要说明的是，一方面，知识产权公共服务与知识产权两者之间紧密相关；另一方面，知识产权公共服务的有效运用，可以帮助企业规避知识产权活动中的各类风险，但是知识产权公共服务的采纳和选择本身也存在风险。

（一）优化知识产权司法服务与监管体系

法律风险、泄密风险是构成中小企业知识产权公共服务感知核心经营风险的两个重要因子。良好的法律环境能对中小企业权益进行保障，在一定程度上约束了各服务供给机构的行为，降低了侵权风险，也有利于各方在权利分配方面达成一致。另外，健全的法律体系也可对参与知识产权服务的组织、机构等进行有效约束，维护知识产权活动秩序，有效减少道德风险、机会主义行为等的发生。中小企业在创新中，无论是作为知识产权的所有者还是作为知识产权的使用者，其权益维护都离不开有力的法律保障。因此，要力求法律规定之间不交叉、不重复、不冲突；要明确和具体规定各参与主体的责任、义务，增强法律的规范、限制功能，增加程序性规定和处罚、补救措施；出台和补充部分缺失的法规实施细则，提高法律的可操作性。同时，根据区域产业分布特点，加大对相关执法部门的设立与能力建设力度，提高维权便捷性、效率性，降低企业维权成本。另外，随着我国中小企业越来越深度地参与国际竞争，面临的法律风险不断增加，如面临各种海外知识产权侵权纠纷等，急需涉外维权援助服务的有力支撑。因此，我国知识产权司法服务中应关注和着力加强涉外服务的能力建设。

（二）完善企业创新风险分担与补偿机制

第一，加强市场引导、创新政策保障，完善风险分担与补偿机制。除了通过风险因素的控制来降低企业知识产权活动风险，还可以通过风险

分摊与补偿来减少企业损失。政府应该加强对知识产权服务市场的引导，鼓励有能力、有基础的机构进入市场，创新服务手段、模式，扩大服务覆盖面，为企业遭遇的各类创新失败提供补偿；建立合理的风险分担机制，帮助企业规避知识产权服务采纳等活动中的风险，减少由服务项目误判、服务机构选择不当、创新失败等造成的损失，减少中小企业风险顾虑。

第二，政府应发挥引领作用，建立知识产权风险补偿基金池。目前我国知识产权融资风险缓释机制相对分散，呈现出较大的地域差异，使得知识产权融资产品仅能适应某一区域。因此，统一风险缓释机制有利于实现知识产权服务工作的标准化。在创新模式上，可考虑应用知识产权融资的风险分摊机制，适当引入担保公司和再担保公司，由再担保对知识产权质押贷款进行风险的部分偿付。

（三）打造知识产权公共服务项目和机构品牌

研究证明，对知识产权公共服务供应方的认知信任可以有效降低中小企业的风险感知，尤其是对核心经营风险的感知。就中小企业知识产权公共服务采纳来说，虽然政府具有区别于市场机构的公信力方面的优势，但其服务能力、质量、效率等一样需要评估。这是因为，中小企业在服务采纳中不仅要考虑和关注成本的高低，更应看重服务采纳后的效用、效果。如果知识产权公共服务的质量不佳、服务效率低下，即使不需要支付任何费用，企业也有可能因为时间成本、机会成本等不予采纳。在市场环境中，品牌影响力在一定程度上是实力的体现，也是客户信任建立的重要基础。可以通过打造知识产权公共服务项目和机构品牌，扩大公共服务的影响力，推动中小企业对知识产权公共服务资源的充分、有效利用。实施示范工程，培育一批具有过硬业务能力的知识产权公共服务机构、平台，如在知识产权公共服务上有突出贡献的行业协会、向社会提供公益性知识产权服务的市场机构等，在知识产权公共服务领域树立标杆典型，发挥它们的示范带头作用。打造更多的知识产权文化品牌，如"全国知识产权宣传周"活动，以点及面，带动和吸引全社会对知识产权的关注，增强全社会知识产权意识的同时，大大提升知识产权公共服务的影响力。

（四）抵御海外知识产权风险的相关服务建设

在高质量"走出去"进程中，我国中小企业面临的海外知识产权风险日趋多样化、复杂化，如在品牌塑造、产品生产、产品出口、员工管理及国外公司合作投资等各项活动中，都有可能发生知识产权风险。由此，海外知识产权布局成为中小企业深度参与国际竞争的重点。在这一趋势下，应加快对中小企业海外公共服务机制建设，为中小企业海外市场拓展保驾护航。对中小企业面临的海外知识产权风险问题，一是要事前预防控制，通过建立专家顾问、预警咨询等服务机制，加大对中小企业海外知识产权布局的指导和风险防控。二是要事中有力支持，通过海外知识产权维权联盟、平台等建设，为中小企业解决海外知识产权纠纷、维护正当权益提供帮助，以降低中小企业海外风险损失和维权成本。三是要事后跟踪分析，通过海外信息收集和知识产权动态热点跟踪，开展海外纠纷调查、统计及分析研究工作，为今后的中小企业海外拓展与知识产权服务提供指导。四是要加大力度推动中小企业海外积极获权，如在国际商标的注册上，通过维权培训、业务辅导等方式，为中小企业海外获权提供便利和帮助。

四、以价值感知为支撑，进一步降低创新成本

知识产权公共服务感知价值可以直接解释为中小企业的感知利得与利失，单从这一角度，给予中小企业更多的政策倾斜、服务配套等能够有效降低中小企业的各类经营成本，那么其价值感知将必然得到显著提升。

（一）加大对中小企业知识产权的指导与扶持力度

知识产权公共服务要聚焦创新成本、资金压力等中小企业的切身之痛，加大相应的指导与扶持力度。通过前文对域外发达国家相关实践经验的总结，建议从下列思路出发：①避免资金浪费，在研发前就通过各种援助方式，指导中小企业避开投资价值低和竞争力弱的研发项目；②降低研发成本，通过技术许可、生产力创新优惠、研发基金等方式，降低中小企

业获得新技术的成本;③降低获权、维权成本,通过公益援助、获权支持、资金补贴等方式,帮助中小企业节约资金。另外,通过完善国家知识产权大数据中心和公共服务平台,拓展各类知识产权基础信息开放深度、广度,实现"应开放尽开放",可以有效降低中小企业信息获取成本。推进"互联网+公共服务"创新服务模式的开发,针对中小企业需求开发定制化产品,进一步提升中小企业获取公共服务的便利性和可及性,节约时间成本。

(二)深化知识产权公共信息服务的国际化合作

项目技术与创新支持中心(TISC)在对中小企业创新中的知识产权信息服务支持上具有高度匹配性和得天独厚的优势。一是 TISC 拥有海量优质的全球知识产权信息资源,可以帮助中小企业有效规避在海外市场拓展和创新中由信息壁垒和不对称等造成的各类知识产权风险。二是 TISC 的服务具有公益性,中小企业可以获得免费的一般知识产权信息服务,以及费用较低的预警导航、竞争者监控、分析评议等高端服务,大大降低了中小企业的创新成本。三是 TISC 的服务功能实现依托 TISC 网络的单个机构节点,单个 TISC 可以有效发挥自身的资源优势,对本地区、本行业领域的中小企业进行服务辐射,使服务更具针对性和适用性。因此,应加快推动世界知识产权组织(WIPO)发展议程框架下的项目技术与创新支持中心(TISC)在我国的建设。一是建设类型更为丰富的机构载体,即包括专利局、高校、研究中心和科技园区、知识产权服务中介机构等多种类型且结构均衡的机构载体。二是鼓励各类有能力的机构和单位申办 TISC,通过不断地新建网点,最终形成覆盖全国且合理分布的 TISC 服务网络。三是发展有一定基础的社会组织和知识产权服务市场机构参与 TISC 的建设,以 TISC 建设带动其整体服务能力提升,最终强化我国知识产权信息服务的全面升级。以此帮助我国中小企业和发明人主体提升技术信息检索能力,更快掌握行业动态和新技术信息,为知识产权强国建设提供有力支撑。

(三)推进面向中小企业的知识产权金融服务的发展

知识产权金融服务为纾解中小企业融资渠道少、资金成本高等难题提供了更多可能。知识产权金融服务通常是指向拥有合法知识产权的企业或个人提供的信贷、保险、担保等金融服务。目前，知识产权质押贷款和知识产权保险（专利保险）两种金融服务方式应用较为广泛。为有效解决中小企业知识产权融资难问题，改善银企双方发展的政策环境，本书提出以下政策建议，以更好地提升针对中小企业的知识产权金融服务。

一是以中小企业的现实需求为中心，加强政策制定的完备性及针对性，优化政策和制度建设，以市场这只看得见的手来引导知识产权的产业化运营。二是结合政府引导和市场决策，开展贷款贴息、风险补偿、服务补贴等多形态金融支持举措和地方财政支持政策，致力于形成"政府引导、市场化运作、银保合作、企业参与"的知识产权金融服务模式。三是构建知识产权价值评估体系，积极借鉴发达国家无形资产评估经验，建立权威的知识产权评估机构和信息平台，提供知识产权价值评估相应专业信息。

五、提升企业的知识产权公共服务运用效能

（一）重视对知识产权公共服务良好发展环境的营造

文化是制度和机制的基础。近年来，对知识产权文化的思考和研究在我国日渐受到重视，推进了知识产权文化的理论探索与建设实践。中小企业知识产权市场秩序的优劣受主体认知和行为的双重影响。培育和塑造知识产权文化，要求更为广泛地向中小企业群体普及知识产权知识，加大力度建设知识产权文化传播载体，加强权利意识与知识产权基本理念的教育和宣传；进一步重视法治观念的树立、道德标准的培育和诚信体系的建设。

建设知识产权文化的"软环境"可以有效触动和提升知识产权的"硬实力"。中小企业与知识产权价值链中的其他群体有着密切的联系。在上游创新群体中，它们是知识产权的采纳者；在下游消费者群体中，它们是知识产权产业化商品/服务的提供者。因此，在政策制定过程中，应充分考虑中小企业的特点、立场和诉求，让知识产权价值共识和文化认同在中小企业主体中逐步深入人心。

（二）提高中小企业管理人员的专业认知与管理能力

中小企业的管理人员，特别是高级管理人员，要对知识产权服务的基本内容、运作原理、创新应用等有充分的认知，能客观地了解、识别和避免各种风险，以在采用知识产权服务方面更加主动。因此，在面向中小企业的知识产权公共服务中，特别需要加强对中小企业管理人员的专业认知的培养，提升他们的管理水平。首先，加强中小企业高层人员与创新链上下游各环节企业管理人员、科研人员的交流，增加其对创新活动及知识产权建设的认识；其次，推进并普及对中小企业管理人员的知识产权培训工作，加强企业管理人员对知识产权的认知；最后，引导中小企业建立知识产权管理制度，为知识产权活动配置人力、物力、财力等必要资源，营造尊重知识、鼓励创新的企业氛围，为知识产权能力培育提供良好的内环境。

（三）加大知识产权公共服务资源的宣传与运用指导

研究结果显示，我国知识产权公共服务在中小企业中的普及度不高，尤其是融资、信息分析等高端服务的使用率更是不足。在分析中小企业知识产权公共服务使用率低的原因时，我们发现排在首位的是不了解服务的用途，另有逾三分之一的中小企业表示不知道政府提供该项知识产权服务。可见，推进面向中小企业的知识产权公共服务宣传与资源利用能力提升十分必要。首先，要拓宽知识产权公共服务的传播利用渠道，面向中小企业开展内容丰富、形式多样的知识产权公共服务宣传推广。其次，创新知识产权公共服务传播利用方式，探索新模式，开发和设计各类应用工具，扩大宣传和利用范围，提高知识产权公共服务的传播与利用效率。再次，分层分类指导公共服务机构积极开展面向中小企业的相关业务知识培训，推广应用如《知识产权信息公共服务工作指引》《知识产权基础数据利用指引》等各类服务运用指南和规范指引，切实提升中小企业的认知水平与应用能力。最后，建立中小企业知识产权公共服务沟通、跟踪及辅导机制，通过为中小企业指派知识产权咨询顾问等方式，对中小企业创新和知识产权活动进行全过程指导服务，推动中小企业知识产权管理能力建设。

第七章 研究结论与研究展望

第一节 研究结论

在推进以创新引领实体经济转型升级的进程中,中小企业是体现创新的主要载体,也是关乎国家经济和社会发展转型升级的重要力量。一方面,中小企业要创造新产品、新业态、新经济,就要牢牢把握知识产权这一战略资源,培育核心竞争力。另一方面,中小企业尤其是创新型中小企业,资产沉淀少,多为轻型运营,知识产权这类无形资产占比较大。作为知识产权创造、运用、保护、管理、服务"全链条"的基础,知识产权公共服务对创新的支撑保障作用举足轻重。尤其是对基础薄弱、资源有限的中小企业来说,知识产权公共服务的现实意义更是不言而喻。中小企业的自身特点决定了其区别于大型企业的知识产权服务需求,也决定了知识产权公共服务的建设方向和重点。

本书以知识产权公共服务为研究对象,综合运用文献分析法、问卷分析法和实证研究法等,对知识产权公共服务在中小企业创新场景中的采纳与满意度开展研究,包括:服务应用前,制约知识产权公共服务采纳的因素是哪些?这些因素是如何影响采纳的?服务应用后,知识产权公共服务满意度评价如何?影响知识产权公共服务满意度的因素是哪些?通过对以上问题的探讨,阐释知识产权公共服务采纳、满意度的掣肘,并以此为路径指导,提出优化面向中小企业的知识产权公共服务供给的对策建议。本书得到以下研究结论。

一、知识产权公共服务采纳方面的结论

第一，知识产权公共服务采纳的前置影响因素包含情境、企业、感知风险及决策人特质等四方面的因素。其中，情境类因素包括服务复杂性、供应方信任、法律与政策保障；企业类因素包含资源就绪、高层支持；感知风险因素由核心经营风险和伴随心理风险两个维度构成；决策人特质因素包括性别、受教育程度、知识产权服务知识。

第二，风险感知显著负向影响服务采纳意愿，且核心经营风险感知相较伴随心理风险感知，负向影响作用更大。

第三，情境、企业及决策人特质等因素通过风险感知对采纳意愿产生显著影响作用，其中对风险感知影响最大的三个因素是资源就绪、法律与政策保障及服务复杂性。也就是说，在知识产权公共服务采纳中，中小企业最为关注是可能产生的经营风险问题。

第四，知识产权公共服务的复杂程度较高、相关法律与政策保障不完善、企业资源准备不足等情况，会显著加剧中小企业的服务风险顾虑，制约其服务采纳意愿。

二、知识产权公共服务满意度方面的结论

第一，知识产权公共服务的总体满意度评价不高，服务项目普及率低。

第二，影响知识产权公共服务满意度的前置因素为感知服务质量和感知服务价值。具体而言，中小企业对知识产权公共服务感知质量的专业性、公平性及透明性等维度的满意度和关注度都相对较高；在知识产权公共服务质量的服务特性维度上，中小企业最看重的是便利性与移情性，但这两个维度的满意评价却最低。

第三，感知服务质量显著正向影响知识产权公共服务满意度，且感知服务价值在感知服务质量与知识产权公共服务满意度的影响关系中发挥中介作用。

三、中小企业知识产权公共服务检视与对策建议

本书根据质性与量化分析结果,并结合中小企业知识产权公共服务供需实际,对知识产权公共服务供给存在的问题进行检视,并提出相应的对策建议。

第一,加快建设专门面向中小企业的知识产权公共服务体系,构建以政府为主体、市场与社会合作供给的服务体系,完善知识产权公共服务人才的培养、评价及成长体系。

第二,以满意度为指导,重视对知识产权公共服务体系便捷性的提升,发展专项、高端知识产权公共服务,进一步优化服务内容与质量。

第三,围绕风险纾解,优化知识产权司法服务与监管体系,完善企业创新风险分担与补偿机制,打造知识产权公共服务项目和机构品牌,开展抵御海外知识产权风险的相关服务建设。

第四,以价值感知为支撑,加大对企业使用知识产权的指导与扶持力度,深化知识产权公共信息服务的国际化合作,推进面向中小企业的知识产权金融服务的发展,进一步降低企业创新成本。

第五,提升企业知识产权公共服务运用效能,重视对知识产权公共服务发展环境的营造,提高企业管理人员对知识产权的认知与管理能力,加大对知识产权公共服务资源的宣传与运用指导。

第二节　研究展望

已有文献较少将知识产权公共服务置于中小企业创新场景中进行研究,因此本书的理论研究、参考文献、样本取数等都还处在探索阶段。针对本书的研究局限,提出以下研究展望。

第一,本书构建采纳与满意度模型时,未将所有影响因素考虑在内。一是由于中小企业的知识产权公共服务采纳受多因素影响,情况复杂,而本书主要从风险角度切入,导致对中小企业知识产权公共服务采纳问题

的解读不尽全面;二是决策参与人采纳意向只能一定程度上反映企业决策的趋势与导向,不能完全等同于对企业决策结果及实际采纳行为,这导致研究结论存在局限;三是在知识产权公共服务满意度的影响测量中局限于狭义层面,未考虑宏观层面因素对满意度的影响。针对这一局限,建议今后开展更为多元化的探索,研究结论将更有指导价值。

第二,受限于资源条件,本书的取样主要集中在杭州、宁波等城市,在样本区域和数量上都存在一定的局限性,区域范围以省内为主,样本数据也未实现较大规模,局部影响了结论的有效性。具体研究时,采取的是问卷调查,更为侧重被调查者的个人主观意愿,因此结论也会受到被调查者自身状况的影响。另外,本书未对中小企业知识产权公共服务采纳决策产生与行为结果进行跟踪调查,建议今后针对这些问题开展后续研究。

第三,政府在中小企业的知识产权服务中可以大有作为。在进行知识产权公共服务时,如何加强政府层面在知识产权公共服务体系建设和管理上的作用,联结政府机制和市场决策使其有效结合并发挥耦合效应,得到质效平衡,更好地促进高质量经济发展与市场运行,是今后需要研究的一个重点方面。

参考文献

[1] 奥克森,2005.治理地方公共经济[M].北京:北京大学出版社.

[2] 布坎南,2009.公共物品的需求与供给[M].马珺,译.上海:上海人民
出版社.

[3] 布坎南,马斯格雷夫,2000.公共财政与公共选择:两种截然对立的国
家观[M].类承曜,译.北京:中国财政经济出版社.

[4] 布力布力,马薇,2019.基于企业创新性中介作用的管理层创新导向
与企业发展关系研究[J].企业经济(6):28-34.

[5] 曹现强,林建鹏,2019.城市公共服务满意度评价及影响因素研
究——以山东省为例[J].山东大学学报(4):19-30.

[6] 柴爱军,2015.浅谈近年来国外知识产权公共服务的改革及其对我国
的启示[J].中国发明与专利(6):43-47.

[7] 陈朝兵,2017.公共服务质量:一个亟待重新界定与解读的概念[J].
中共天津市委党校学报(2):74-81.

[8] 陈俊星,2011.地方政府公众满意度测评的困境与出路[J].东南学术
(4):103-110.

[9] 程方升,2007.服务型政府构建中地方政府服务质量:缺口与完
善——基于 RATER 指数五纬度的分析[J].华中农业大学学报(社
会科学版)(5):99-102.

[10] 代宏坤,徐玖平,2005.企业技术采纳时间的优化模型与模拟[J].系
统工程理论与实践(9):8-14.

[11] 丁振中,2020.基于技术创新视角的企业成本与风险降低问题研究
[J].中国商论(3):171-172.

[12] 范秀成,1999.服务质量管理:交互过程与交互质量[J].南开管理评

论(1):12-23.

[13] 方琳瑜,宋伟,2016."一带一路"战略下企业海外知识产权风险预警与管理机制研究[J].科技管理研究,8(028):152-154.

[14] 冯菲,钟杨,2016.中国城市公共服务公众满意度的影响因素探析——基于10个城市公众满意度的调查[J].上海行政学院学报(2):58-75.

[15] 弗雷德里克森,2003.公共行政的精神[M].北京:中国人民大学出版社.

[16] 弗雷德里克森,2011.新公共行政[M].丁煌,方兴,译.北京:中国人民大学出版社.

[17] 付夏婕,2015.信息自由视域下的知识产权信息公共服务探析[J].知识产权(5):82-86.

[18] 龚佳颖,钟杨,2017.公共服务满意度及其影响因素研究——基于2015年上海17个区县调查的实证分析[J].行政论坛(1):85-91.

[19] 顾夏云,2014.采购感知风险及其对采购行为决策的影响研究[D].北京:北京邮电大学.

[20] 郭跃华,苏翔,2005.企业创新采纳决策实证研究[J].管理评论(11):48-54.

[21] 国家知识产权局公共服务司,2020.中国知识产权公共服务发展报告(2019)[M].北京:知识产权出版社.

[22] 何华兵,2012.基本公共服务均等化满意度测评体系的建构与应用[J].中国行政管理(11):25-29.

[23] 何炼红,2010.知识产权领域如何提供公共服务——以重大经济活动知识产权审议机制的构建为视角[J].人民论坛(32):66-68.

[24] 胡晨沛,蒋威,强恒克,等,2018.华东地区公共服务满意度及其异质性分析——基于模糊综合评价方法[J].华东经济管理(32):29-35.

[25] 霍布斯,1985.利维坦.[M].黎思复,黎廷弼,译.北京:商务印书馆.

[26] 贾辰君,2015.论我国知识产权公共服务供给的现状和改进[J].科学管理研究,33(02):5-8.

[27] 贾凌民,吕旭宁,2006.我国政府公共服务若干问题思考[J].中国行政管理(2):51.

[28] 姜晓萍,陈朝兵,2018.公共服务的理论认知与中国语境[J].政治学研究(6):2-15.

[29] 金太军,1998.政治体制改革[M].北京:党建读物出版社.

[30] 李超,2016.我国知识产权公共服务中的政府支出责任研究[D].北京:中国财政科学研究院.

[31] 李桂华,卢宏亮,李剑文,2011.中国式信任与企业购买决策:基于普遍信任与特殊信任的二维视角[J].软科学,25(1):102-109.

[32] 李桂华,卢宏亮,刘峰,2010.中国企业的购买决策"谁"说的算?——对 Webster-Wind 模型的修正及检验[J].中国软科学(7):125-133.

[33] 李桂华,姚唐,刘峰,2008.中国企业购买决策影响因素的实证研究[J].珞珈管理评论(3):177-188.

[34] 李军鹏,2006.公共服务型政府建设指南[M].北京:中共党史出版社.

[35] 李强,2010.基础设施投资与经济增长的关系研究[J].改革与战略,26(9):55-57.

[36] 李文元,向雅丽,梅强,2014.感知对中小企业科技服务购买意愿的影响研究——以吸收能力为调节变量[J].科学学研究,32(6):852-859.

[37] 李喜蕊,2014.论中国知识产权信息公共服务体系的构建与完善[J].黑龙江社会科学(2):117-124.

[38] 李燕燕,宋伟,2017.信息传播媒介下信任对公众科技风险感知的作用影响研究[J].科普研究,69(4):11-16.

[39] 李燕燕,宋伟,熊立勇,2019.创新开放度调节下企业科技服务购买意愿研究——基于供应商信任、感知风险的关系[J].科技管理研究,39(19):162-166.

[40] 梁昌勇,代璀,朱龙,2015.基于 SEM 的公共服务公众满意度测评模

型研究[J].华东经济管理(2):123-129.

[41] 刘菊芳,2012.发展知识产权服务业的关键问题与政策研究[J].知识产权(5):67-71.

[42] 刘立峰,2001.国债政策可持续性及财政风险度量[J].宏观经济研究(8):42-45.

[43] 刘武,朱晓楠,2006.地方政府行政服务大厅顾客满意度指数模型的实证研究[J].中国行政管理(12):32-35.

[44] 刘学敏,2010.科技型中小企业技术创新中的知识需求研究[D].长春:吉林大学.

[45] 卢现祥,朱巧玲,2007.新制度经济学[M].北京:北京大学出版社.

[46] 罗杰斯,2002.创新的扩散[M]. 辛欣,译.北京:中央编译出版社.

[47] 罗敏光,刘雪凤,2011.多元主体合作视角下的知识产权公共服务机制构建——以江苏省为例[J].科技管理研究,31(11):147-152.

[48] 吕维霞,2010.论公众对政府公共服务质量的感知与评价[J].华东经济管理(9):128-132.

[49] 毛昊,陈大鹏,2015.知识产权服务购买符合支撑企业创新的理性行为决策吗[J].财贸经济(2):109-123.

[50] 企业知识产权战略与工作实务编委会,2007.企业知识产权战略与工作实务[M].北京:经济科学出版社.

[51] 乔占友,2008.我国中小企业知识产权建设的推进对策研究[D].沈阳:东北师范大学.

[52] 邵兵家,孟宪强,2005.中国 B2C 电子商务中消费者信任影响因素的实证研究[J].科技进步与对策(7):166-169.

[53] 沈千里,2018.企业用户云计算服务采纳行为及促进机制与对策研究[D].上海:东华大学.

[54] 宋伟,史静娟,2012.创新链知识产权风险产生机理与传导模式研究[J].科技与法律,96(2):1-5.

[55] 宋雪雁,王萍,2010.信息采纳行为概念及影响因素研究[J].情报科学(5):760-762.

［56］孙浩,周浩,2008.吸收能力对新技术采纳时机的影响[J].中南财经政法大学学报(5):98-103.

［57］唐恒,周化岳,2007.自主创新中的知识产权中介服务体系:功能、作用机理及实现途径[J].科学管理研究,25(4):91-94.

［58］唐沛钰,2014.情境因素对企业知识产权流失影响及实证研究——基于官产学中的校企知识转移[D].福州:福州大学.

［59］童兆洪,2006.民营企业与知识产权司法保护[M].杭州:浙江大学出版社.

［60］王晨雁,2005.对知识产权概念的质疑与反思[J].福建论坛(人文社会科学版)(9):121.

［61］王金涛,曲世友,冯严超,2019.基于演化博弈的高新技术企业创新风险防控研究[J].科技管理研究,39:19-24.

［62］王丽莉,田凯,2004.新公共服务:对新公共管理的批判与超越[J].中国人民大学学报(5):104.

［63］王谦,李锦红,2006.政府部门公众满意度评价的一种有效实现途径[J].中国行政管理(1):33-35.

［64］王淑贤,2009.落实首都知识产权战略 发展知识产权公共服务[J].前线(11):38.

［65］王晓刚,2019.基于全生命周期的高铁技术知识产权风险管理研究[D].北京:中国铁道科学研究院.

［66］王哲,周麟,彭芃,2018.财政支出、标尺比较与公共服务满意度:基于县级医疗数据的分析[J].中国行政管理(3):49-54.

［67］王智源,2010.知识产权交易的风险与规避[J].知识产权(3):50-52.

［68］吴离离,2011.对专利优先权制度的正确认识与合理运用[J].中国专利与商标(3):45-48.

［69］吴桐,刘菊芳,马斌,等,2012.我国知识产权服务业发展现状与对策研究[J].中国发明与专利(6):63-67.

［70］吴想,杨洪涛,2009.产学研合作创新知识转移影响因素分析与对策研究[J].科技管理研究(9):360-362.

[71] 夏金华,2011.科技型企业管理层知识管理能力研究[D].长沙:中南大学.

[72] 谢荷锋,2012.基于风险管理视角的信任与知识分享决策的关系研究[J].研究与发展管理,24(2):58-66.

[73] 徐斌,付晓军,2011.产学研合作创新主体存在的知识产权问题[J].当代社科视野(1):38-42.

[74] 许彬,2012.公共经济学[M].北京:清华大学出版社.

[75] 杨红朝,2014.知识产权服务业培育视角下的知识产权服务体系发展研究[J].科技管理研究,34(8):176-180.

[76] 杨丽娜,孟昭宽,肖克曦,等,2012.虚拟学习社区采纳行为影响因素实证研究[J].电化教育研究,33(4):47-51.

[77] 杨连峰,刘震宇,罗春晖,2011.影响组织创新采纳的因素整合模型[J].软科学(6):127-129.

[78] 易承志,2019.环保绩效体验、政府信任与城市环境公共服务满意度——基于上海市的实证调研[J].软科学(7):79-85.

[79] 尤建新,王波,2005.基于公众价值的地方政府绩效评估模式[J].中国行政管理(12):41-44.

[80] 余传鹏,2015.中小企业管理创新采纳与持续实施的运行机理研究[D].广州:华南理工大学.

[81] 余仲儒,2014.我国专利检索公共服务外包初探[J].中国发明与专利(4):37-41.

[82] 郁建兴,黄飚,2019.超越政府中心主义治理逻辑如何可能——基于"最多跑一次"改革的经验[J].政治学研究(2):49-60.

[83] 张竞强,包月阳,2019.中国中小企业2019蓝皮书——新时代中小企业高质量发展研究[M].北京:中国发展出版社.

[84] 张克英,黄瑞华,汪忠,2006.基于合作创新的知识产权风险影响因素分析[J].管理评论,18(5):9-13.

[85] 赵大海,胡伟,2014.中国大城市公共服务公众满意度的测评与政策建议[J].上海行政学院学报(15):13-15.

［86］赵丹,2016.全面依法治国背景下中小企业知识产权建设研究［D］.太原:太原理工大学.

［87］赵亚静,2012.我国中小企业知识产权建设政策体系研究［D］.长春:东北师范大学.

［88］珍妮特·V.登哈特,罗伯特·B.登哈特,2010.新公共服务——服务,而不是掌舵［M］.丁煌,译.北京:中国人民大学出版社.

［89］中国电子信息产业发展研究院,2019.2018—2019 年中国中小企业蓝皮书［M］.北京:电子工业出版社.

［90］钟超,2014.美日韩构建中小企业知识产权服务体系的经验［J］.中国中小企业(5):32-33.

［91］周志忍,2000.公共部门质量管理:新世纪的新趋势［J］.国家行政学院学报(2):40-44.

［92］朱丽献,2009.企业技术创新采纳研究［D］.沈阳:东北大学.

［93］朱丽献,李兆友,2008.企业技术创新采纳的基本内涵及行为表现［J］.科技管理研究(6):13-15.

［94］朱谢群,2008.知识产权公共服务及其机制分析［J］.知识产权(3):31-35.

［95］朱玉春,乔文,王芳,2010.农民对农村公共品供给满意度实证分析——基于陕西省 32 个乡镇的调查数据［J］.农业经济问题(1):59-66.

［96］Alba L W,Wesley H J,1987. Dimensions of consumer expertise［J］. Journal of Consumer Research(4):411-454.

［97］Allen F W, 1987. Towards a holistic appreciation of risk:the challenge for communicators policymakers［J］. Science Technology and Human Values(3):138-143.

［98］Bansal H S,Voyer P A,2000. Word-of-Mouth processes within a services purchase decision context［J］. Journal of Service Research(2):166-177.

［99］Bauer R A,1960. Consumer behavior as risk taking［C］//Hancock

R S. Dynamic marketing for a changing world. Proceedings of the 43rd Conference of the American Marketing Association: 389-398.

[100] Best R J, 1997. Marketing-based management: strategies for growing consumer value and profitability [M]. New York: Prentice-Hall.

[101] Bettman J R, 1973. Perceived risk and its components: a model and empirical test[J]. Journal of Marketing Research(2): 184-190.

[102] Bronfman N C, Vózquez E L, 2011. A cross-cultural study of perceived benefit versus risk mediators in the trust-acceptance relationship[J]. Risk Analysis, 31(12): 1919-1934.

[103] Brucks M, 1985. The effect of product class knowledge on information search behavior[J]. Journal of Consumer Research (1): 1-16.

[104] Cardozo R N, 1965. An experimental study of customer effort, expectation, and satisfaction[J]. Journal of Marketing Research, 66(1): 244-249.

[105] Chakrabarti A K, 1973. The effects of techno-economic and organizational factors on the adoption of nasa-innovations by commercial firms in the U. S. [J]. Academy of Management Proceedings(1): 469-470.

[106] Chaudhuri A, 1998. Product class effects on perceived risk: the role of emotion[J]. International Journal of Research in Marketing (15): 157-168.

[107] Chircu A M, Kauffman R J, 2000. Limits to value in electronic commerce-related IT investments[J]. Journal of Management Information Systems(2): 59-80.

[108] Chwelos P, Benbasat I, Dexter A S, 2001. Research report: empirical test of an EDI adoption model[J]. Information Systems

Research(3): 304-321.

[109] Coriat B, Orsi F, 2002. Establishing a new intellectual property rights regime in the United States origins, content and problems [J]. Research Policy,31: 1491-1507.

[110] Cox D F,1967. Risk taking and information handling in consumer behavior[C]. Boston: Graduate School of Business Administration, Harvard University Press.

[111] Cronin J J, Taylor S A, 1992. Measuring service quality: a reexamination and extension[J]. Journal of Marketing, 56(3) 55-68.

[112] Cunningham S M, 1967. The major dimensions of perceived risk [M]//Cox D F. Risk taking and information handling in consumer behavior[C]. Boston: Graduate School of Business Administration, Harvard University Press.

[113] Dash J F, Schiffman L G, Berensonand C, 1976. Information search and store choice[J]. Journal of Advertising Research (3): 35.

[114] David O, Gaebler T, 1992. Reinverting government-how the entrepreneurial spirit is transforming the public sector[M]. Reading: Addison-Wesley Publishing Company.

[115] Davis F, Bagozzi R P, Warshaw P R, 1989. User acceptance of computer technology: a comparison of two theoretical models[J]. Management Science, 35(8): 982-1003.

[116] De Joy D M, 1992. An examination of gender differences in traffic accident risk perception[J]. Accident Analysis & Prevention,24(3): 237-246.

[117] De Rojas M D C, Camarero M D C, 2006. Experience and satisfaction of visitors to museums and cultural exhibitions[J]. International Review on Public and Non-Profit Marketing(1): 49.

[118] DeCanio S J, Dibble C, Amir-Atefi K, 2000. The importance of organizational structure for the adoption of innovations[J]. The Journal of Management Science, 46(10): 1285-1299.

[119] Derbaix C,1983. Perceived risk and risk relievers: an empirical investigation[J]. Journal of Economic Psychology(3): 19-38.

[120] Dimitriades Z S, Maroudas T S, 2007. Demographic predictors of service satisfaction in greek public organizations [J]. Measuring Business Excellence(2): 32-43.

[121] Dodds W B, Grewal D, Monroe K B, 1991. Effects of price, brand and store information on buyers' product evaluations[J]. Journal of Marketing Research, 28(3): 307-319.

[122] Dowling G R,Staelin R, 1994. A Model of perceived risk and intended risk-handling activity[J]. Journal of Consumer Research, 21 (1): 119-134.

[123] Dunn M G, Murphy P E, Skelly G U,1986. Research note: the influence of perceived risk on brand preference for supermarket products[J]. Journal of Retailing, 62(2): 204-216.

[124] Engel J F, 1963. Are automobile purchasers dissonant consumers? [J]. Journal of Marketing, 27(2): 55-58.

[125] Farhoomand A F,Tunnainen V K, Yee L W, 2000. Barriers to global electronic commerce: a cross-country study of Hongkong and Finland[J]. Journal of Organizational Computing and Electronic Commerce(1): 22-48.

[126] Featherman M S, Pavlou P A, 2003. Predicting e-services adoption: a perceived risk facets perspective [J]. International Journal of Human-Computer Studies, 59: 451-474.

[127] Flynn J, Slovic P, Mertz C K, 1994. Gender, race, and perception of environmental health risks[J]. Risk Analysis,(6): 1101-1108.

[128] Fornell C, 1992. A national customer satisfaction barometer: the Swedish experience[J]. Journal of Marketing,56: 6-21.

[129] Forsythe S M, Shi B,2003. Consumer patronage and perceptions in internet shopping [J]. Journal of Business Research, 56: 867-875.

[130] Garbarino E, Strahilevitz M, 2004. Gender differences in the perceived risk of buying online and the effects of receiving a site recommendation[J]. Journal of Business Research, 57: 768-775.

[131] Garbarino E,Johnson M S, 1999. The different roles of satisfaction, trust, and commitment in customer relationships [J]. Journal of Marketing, 63(4): 70-87.

[132] Grimmelikhuijsen S G, Meijer A J, 2015. Does Twitter increase perceived police legitimacy? [J]. Public Administration Review, 75(4): 598-607.

[133] Grönroos C, 1983. A service quality model and its marketing implications[J]. European Journal of Marketing, 18(4): 36-44.

[134] Guber D L, 2003. The grassroots of a green revolution: polling America on the environment[M]. Cambridge: MIT Press.

[135] Hambrick D C, Mason P A, 1984. Upper echelons: The organization as a reflection of its top managers[J]. Academy of Management Review, 9(2): 193-206.

[136] Hausman A, Stock J R, 2003. Adoption and implementation of technological innovations within long-term relationships [J]. Journal of Business Research,56: 681-686.

[137] Hausman, 2003. Weak instruments: diagnosis and cures in empirical econometrics[J]. American Economic Review,93(2): 118-125.

[138] Havlena W J, DeSarbo W S, 1991. On the measurement of perceived consumer risk[J]. Decision Sciences, 22(4): 927-939.

[139] Jacoby J, Kaplan L B, 1972. The components of perceived risk [C]. Chicago: University of Chicago.

[140] Jarvenpaa S L, Todd P A, 1996. Consumer reactions to electronic shopping on the World Wide Web[J]. International Journal of Electronic Commerce(2): 59-88.

[141] Jarvenpaa S, Tractinsky N, Vitale M, 2000. Consumer trust in an internet store[J]. Information Technology and Management(1): 45-71.

[142] Jensen R A, 2004. Multi-plant firms innovation adoption and diffusion[J]. The Journal of Southern Economic, 70(3): 661-671.

[143] Kaplan L B, Szybillo G J, Jacoby J, 1974. Components of perceived risk in product purchase: a cross-validation[J]. Journal of Applied Psychology 59(3): 287-291.

[144] Keh H J, Wen T H, 2002. Electric conductivity of a suspension of charge colloidal spheres with thin but polarized double layers [J]. Colloid and Polymer Science, 280(10): 922-928.

[145] Knopf H P, 2001. Security interests in intellectual property: an international comparative approach[C]. New York: 9th Annual Fordham Intellectual Property Law and Policy Conference.

[146] Kogut B, Zander U, 1993. Knowledge of the firm and the evolutionary theory of the multination[J]. Journal of International Business Studies, 24(4): 625-645.

[147] Kogut J R, Whan P C, 1980. What effects of knowledge and experience and phase of the choice process on consumer decision processes: a protocol analysis[J]. Journal of Consumer Research (3): 234-249.

[148] Kollmann T, Kuckertz A, Breugst N, 2009. Organizational readiness and the adoption of electronic business: the moderating role of national culture in 29 European countries[J]. Acmsigmis

Database，40(4)：117-131.

[149] Kotler P，1996. Marketing management：analysis，planning，implementation and control[J]. Journal of Business Research，49：101-111.

[150] Kuhlmeter D，Knight G，2005. Antecedents to internet-based purchasing：a multinational study[J]. International Marketing Review，22(4)：460-469.

[151] Kwan Y K，Lai L C，2003. Intellectual property rights protection and endogenous economic growth[J]. Journal of Economic Dynamics& Control，27：853-873.

[152] Laurent G，Kapferer J-N，1985. Measuring consumer involvement profiles[J]. Journal of Marketing Research，22(1)：41-53.

[153] Lee J，Kim J，2007. Grounded theory analysis of e-government initiatives：exploring perceptions of government authorities[J]. Government Information Quarterly，24(1)：135-147.

[154] Lee K S，Tan S J，2003. E-retailing versus physical retailing：a theoretical model and empirical test of consumer choice[J]. Journal of Business Research，56(11)：877-885.

[155] Lewis C，2007. The Howard government：the extent to which public attitudes influenced Australia's federal policy mix[J]. The Australian Journal of Public Administration，66(1)：83-95.

[156] Liao P C，Wong K Y，2009. R&D subsidy，intellectual property rights protection，and North-South trade：how good is the TRIPS agreement[J]. Japan and the World Economy(3)：191-201.

[157] Lichtenthaler U，2009. The role of corporate technology strategy and patent portfolios in low，medium and high-technology firms [J]. Research Policy(4)：559-569.

[158] Lu S，Yan H，2013. A comparative study of the measurements of perceived risk among contractors in China[J]. International

Journal of Project Management，31(2)：307-312.

[159] Martin J，Mortimer G，Andrews L，2015. Re-examining online customer experience to include purchase frequency and perceived risk[J]. Journal of Retailing and Consumer Services，25(7)：81-95.

[160] Mazumdar T，1993. A value-based orientation to new product planning[J]. Journal of Consumer Marketing (1)：28-42.

[161] Mcallister D J，1995. Affect and cognition based trust as foundations for interpersonal cooperation in organizations[J]. Academy of Management Journal，38(1)：24-59.

[162] Mohamed I，Nabih S G，Bloetn T B C，1997. Conceptual issues in the study of innovation adoption behavior[J]. The Journal of Advances in Consumer Research，24：190.

[163] Moore M H，2000. Managing for value：organizational strategy in forprofit，nonprofit，and governmental organizationas [J]. Nonprofit and Voluntary Sector Quarterly，29(1)：183-204.

[164] Mowen J C，Wiener J，Young C，1990. Consumer store choice and sales taxes：retailing，public policy，and theoretical implications[J]. Journal of Retailing，66(2)：222-243.

[165] Muller E，Zenker A，2001. Business services as actors of knowledge transformation：the role of KIBS in regional and national innovation systems[J]. Research Policy，30(9)：1501-1516.

[166] Murnpower J L，Shi L，Stoutenborough J W et al，2013. Psychometric and demographic predictors of the perceived risk of terrorist threats and the willingness to pay for terrorism risk management programs[J]. Risk Analysis，33(10)：1802-1811.

[167] Murray K B，Schlacter J L，1990. The impact of services versus goods on consumers' assessment of perceived risk and variability [J]. Journal of the Academy of Marketing Science (1)：51-65.

[168] Nena L，2003. Consumers perceived risk：Sources versus consequences[J]. Electronic Commerce Research and Applications (2)：216-228.

[169] Oliveira T，Faria M，Thomas M A et al，2014. Extending the understanding of mobile banking adoption：when UTAUT meets TTF and ITM[J]. International Journal of Information Management，34(5)：689-703.

[170] Ostrom A，Lacobucci D，1995. Consumer Trade-Offs and the evaluation of services[J].Journal of Marketing,59(1)：17-28.

[171] Parasuraman A，Grewal D，2000. The impact of technology on the quality-value-loyalty chain：a research agenda [J]. Journal of the Academy of Marketing Science，28(1)：168-174.

[172] Parasuraman A，Zeithaml V A，Berry L L，1985. A conceptual model of service quality and its implications for future research [J]. Journal of Marketing，49(4)：41-50.

[173] Park C W，Mothersbaugh D L，Feick L，1994. Consumer knowledge assessment[J]. Journal of Consumer Research(1)：71-82.

[174] Peter J P，Ryan M J，1976. An investigation of perceived risk at the brand level[J]. Joumal of Marketing Research，13：184-188.

[175] Peter J P，Tarpey S L X，1975. A comparative analysis of three consumer decision strategies[J]. Journal of Consumer Research (1)：29-37.

[176] Phillips D M，Baumgartner H，2002. The role of consumption emotions in the satisfaction response[J]. Journal of Consumer Psychology,12(3)：243-25.

[177] Phillps L W，Sternthal B，1977. Age differences in information processing：a perspective on the aged consumer[J]. Journal of marketing research，14(4)：444-458.

[178] Pilisuk M, Acredolo C, 1988. Fear of technological hazards: one concern or many? [J]. Social Behaviour(1): 17-24.

[179] Porumbescu G A, 2015. Does transparency improve citizen's perceptions of government performance? evidence from Seoul, South Korea[J]. Administration & Society, 49(3): 443-468.

[180] Rao A R, Monroe K B, 1989. The effect of price, brand name, and store name on buyers, perceptions of product quality: an integrative review[J]. Journal of Marketing Research, 26: 351-357.

[181] Rao A R, Monroe K B, 1988. The moderating effect of prior knowledge on cue utilization in product evaluations[J]. Consumer Research, 15(2): 253-264.

[182] Ray, Alok, 1973. Non-traded Inputs and effective protection: a general equilibrium analysis[J]. Journal of International Economics(3):245- 257.

[183] Reed R, Defillippi R J, 1990. Causal barriers to ambiguity, imitation, and sustainable competitive advantage[J]. Academy of Management Review, 15(1): 88-102.

[184] Rhee S-K, Rha J-Y, 2009. Public service quality and customer satisfaction: exploring the attributes of service quality in public sector[J]. The Service Industries Journal, 29(11): 1491-1512.

[185] Rogers E M, 1995. Diffusion of innovations (4th) [M]. New York: Free Press.

[186] Roselius T, 1971. Consumer rankings of risk reduction methods [J]. Journal of Marketing, 35(1): 56-61.

[187] Ryzin G G, Muzzio D, Immerwahr S et al, 2010. Drivers and consequences of citizen satisfaction: an application of the American customer satisfaction index model to New York City [J]. Public Administration Review(3): 331-341.

[188] Schmidt J B,Spreng R A. 1996. A proposed model of external consumer information search[J]. Journal of Academy of Marketing Science, 24(3): 246-256.

[189] Simonin B L, 1999. Ambiguity and the process of knowledge transfer in strategic alliances[J]. Strategic Management Journal (10): 595-623.

[190] Slimak M W, Dietz T, 2006. Personal values, beliefs, and ecological risk perception[J]. Risk Analysis, 26(6): 1689-1705.

[191] Slovic P, 1987. Perception of risk[J]. Science,23: 280-285.

[192] Smith G E, Huntsman C A, 1997. Reframing the metaphor of the citizen-government relationship: a value-centered perspective[J]. Public Administration Reciew, 57(7): 309-318.

[193] Spence H E, Engel J F,Blackwell R D, 1970. Perceived risk in mail-order and retail store buying [J]. Journal of marketing research(3):364-369.

[194] Stivers C M, King C S, 1998. Government is us: public administration in an anti-government era[M]. London: SAGE Publications, Inc.

[195] Stone R N, Gronhaug K,1993. Perceived risk: further considerations for the marketing discipline[J]. European Journal of Marketing, 27(3): 39-51.

[196] Sweeney J C,Soutar G N, 2001. Consumer perceptiond value: the development of a multipleitem scale[J]. Journal of Ratailing, 77(2): 203-220.

[197] Szulanzki G,1996. Exploring internal stickiness: impediments to the transfer of best practice with the firm [J]. Strategic Management Journal,17: 27-43.

[198] Taylor J W, 1974. The role of risk in consumer behavior[J]. Journal of Marketing(2): 54-60.

[199] Taylor, Joy, McAdam et al, 2004. Innovation adoption and implementation in organizations: a review and critique[J]. Journal of General Management(1): 16.

[200] Tornatzky L G, Fleischer M, Chakrabarti A K, 1990. The processes of technological innovation[M]. Lexington: Lexington Books.

[201] Tridib M, 1993. A value-based orientation to new product planning[J]. Journal of Consumer Marketing, 10(1): 28-42.

[202] Wang Y, Ahmed P K, 2009. The moderating effect of the business strategic orientation on Commerce adoption: evidence from UK family run SMEs[J]. Journal of Strategic Information Systems(1):16-30.

[203] Wilkening E A, 1953. A sociopsychological approach to the study of the acceptance of innovations in farming[J]. Rural Sociology (4):352-364.

[204] Yang Z, Sun J, Zhang Y et al, 2015. Understanding SaaS adoption from the perspective of organizational users: a tripod readiness model[J]. Computers in Human Behavior,45: 254-264.

[205] Zeithaml V A, 1988. Consumer perceptiond of price quality and value: a means-end model and synthesis of evidence[J]. Journal of Marketing, 52(7): 2-22.

[206] Zikmund W G, 1977. Exploring marketing research[M]. Fort Worth: The Dryden Press.

[207] Zmud R W,1984. An examination of "push-pull" theory applied to process innovation in knowledge work [J]. Management Science, 30(6):727-738.

附　录　调查问卷

调查问卷 1

尊敬的女士/先生：

您好！本次调查主要为探究中小企业知识产权公共服务风险与采纳相关问题,收集资料用于科学研究,您的个人信息绝不会外泄,请放心填写。非常感谢！

调查问题：

1. 请介绍您个人的基本情况(学历、专业、年龄、岗位职务等)。

2. 请介绍您所在企业的基本情况(企业类型、知识产权服务需求等)。

3. 在贵企业的知识产权公共服务采纳中,您的角色是(起到的作用)？

4. 在贵企业的知识产权公共服务采纳中,您会考虑哪些风险？

5. 您认为以上哪些风险比较重要？其造成后果的严重性如何？

调查问卷 2

尊敬的女士/先生：

您好！本次调查为科研所用，采取匿名形式，您的个人信息绝不会外泄，请放心填写。非常感谢！

个人信息

1. 您的性别是（　　　）。

A. 男　　B. 女

2. 您的年龄是（　　　）。

A. 20 岁及以下　　B. 21～29 岁　　C. 30～39 岁

D. 40～50 岁　　　E. 50 岁以上

3. 您的学历是（　　　）。

A. 高中及以下　　B. 大专　　C. 本科　　D. 硕士及以上

4. 您的职务是（　　　）。

A. 高层管理者　　B. 中层管理者　　C. 基层管理者　　D. 普通员工

5. 所在部门是（　　　）。

A. 行政部门　　B. 研发部门　　C. 财务部门

D. 市场部门　　E. 生产部门　　F. 其他

企业情况

6. 企业规模类型是（　　　）。

A. 小微　　B. 中型　　C. 大型

7. 企业所处行业是（　　　）。

A. 装备制造　　B. 服装纺织　　C. 汽车及零部件　　D. 食品及农产品加工

E. 建材、化工、新材料　　F. 电子信息　　G. 新能源、节能环保

H. 生物医药　　I. 生产性服务　　J. 生活性服务　　K. 其他

8. 企业性质是(　　)。

A. 国有企业　B. 民营企业　C. 混合所有制企业

D. 外商及港澳台独资企业　E. 其他

9. 您所在企业接受过以下哪些知识产权公共服务(可多选)？(　　)

A. 信息及利用(如专利文献与分析、专利导航、预警及布局等)

B. 知识产权交易(如专利许可、专利技术转让、技术中介服务等)

C. 培训服务(如专利申报培训、知识产权管理培训等)

D. 法律服务(如专利法务咨询、专利诉讼代理、法律援助等)

E. 知识产权融资服务(如知识产权价值/风险评估、知识产权质押融资/担保/贷款/投资等)

F. 其他

10. 对于企业知识产权公共服务的选用、采纳事务,您通常会(　　)。

A. 直接参与决策

B. 不直接参与,但您的想法可以影响决策

C. 既不参与,也不影响

调查问题

关于知识产权公共服务采纳中存在的各类风险,您认为以下问项的重要性如何,请进行评分。

项目	序号	问项	非常重要	重要	一般	不重要	非常不重要
绩效风险	1	服务达不到预期效果	5	4	3	2	1
	2	服务项目和体系不完善	5	4	3	2	1
	3	该服务可能无法完全实现预期的功能	5	4	3	2	1
	4	服务表现不佳,影响企业经营发展	5	4	3	2	1
	5	服务表现不佳,造成其他不利影响	5	4	3	2	1
经济风险	6	投入时间、资金等后收效不高、性价比低	5	4	3	2	1
	7	服务无效,投入受损	5	4	3	2	1

续表

项目	序号	问项	非常重要	重要	一般	不重要	非常不重要
经济风险	8	采纳该服务,可能引发其他财务风险	5	4	3	2	1
	9	被欺诈,投入受损	5	4	3	2	1
	10	采纳该服务后,后续还需投入其他费用	5	4	3	2	1
泄密风险	11	该服务可能使企业内部信息流出	5	4	3	2	1
	12	该服务可能使企业核心机密泄露	5	4	3	2	1
	13	该服务可能造成企业信息被不正当利用	5	4	3	2	1
	14	服务可能造成某些信息在企业不知情的情况下被他人使用	5	4	3	2	1
	15	该服务可能会使企业关键资源(信息、技术等)被窃取	5	4	3	2	1
时间风险	16	该服务的选择、采纳过程长,会耗费较多时间和精力	5	4	3	2	1
	17	后续运行和使用该服务,需要花费不少时间	5	4	3	2	1
	18	从服务采纳到服务见效的等待时间长	5	4	3	2	1
	19	服务生效不符合创新、产品生命周期实际	5	4	3	2	1
	20	若该服务发生错误,可能需要花费不少时间才能纠正或恢复	5	4	3	2	1
法律风险	21	服务中易产生(或由服务引发)法律纠纷	5	4	3	2	1
	22	采纳该服务易造成企业非主观故意的违法行为	5	4	3	2	1
	23	该服务涉及领域为法律纠纷高发区	5	4	3	2	1
	24	服务中,企业的某些权益无法得到法律保护	5	4	3	2	1
	25	服务涉及领域相应法律法规尚不够完备	5	4	3	2	1
	26	服务涉及领域执法效率低、公平性差	5	4	3	2	1
社会风险	27	服务可能会导致客户、同行等对企业产生负面看法	5	4	3	2	1
	28	服务可能会导致企业形象受损	5	4	3	2	1
	29	该服务与企业一贯形象、战略定位不符	5	4	3	2	1

续表

项目	序号	问项	非常重要	重要	一般	不重要	非常不重要
社会风险	30	采纳该服务会引发不必要的社会猜测	5	4	3	2	1
	31	采纳该服务可能会被看作一项不明智的决策	5	4	3	2	1
	32	采纳该服务可能得不到客户或合作伙伴的认可	5	4	3	2	1
机会风险	33	将企业资源投入该服务的机会成本高	5	4	3	2	1
	34	该服务占用的企业资源,投放其他项目可能会收益更高	5	4	3	2	1
	35	若采纳该服务,将迫使企业放弃一些机会	5	4	3	2	1
	36	该服务不是最优选择	5	4	3	2	1
个人风险	37	采纳该服务是错误的决策	5	4	3	2	1
	38	支持采纳该服务使我情绪紧张、焦虑	5	4	3	2	1
	39	支持采纳该服务,与我一贯的形象和自我观念不符	5	4	3	2	1
	40	支持采纳该服务,可能会招致上司(重要人物)对我的负面看法	5	4	3	2	1
	41	支持采纳该服务,可能会招致同事(员工、下属)对我的负面看法	5	4	3	2	1
	42	支持采纳该服务,可能对我自身造成其他不利影响	5	4	3	2	1

调查问卷 3

尊敬的女士/先生：

您好！本次调查为科研所用,采取匿名形式,您的个人信息绝不会外泄,请放心填写。非常感谢！

企业基本情况

1.企业规模类型是(　　　)。

A.小微　B.中型　C.大型

2.企业所处行业是(　　　)。

A.装备制造　B.服装纺织　C.汽车及零部件　D.食品及农产品加工

E.建材、化工、新材料　F.电子信息　G.新能源、节能环保

H.生物医药　I.生产性服务　J.生活性服务　K.其他

3.企业性质是(　　　)。

A.国有企业　B.民营企业　C.混合所有制企业

D.外商及港澳台独资企业　E.其他

个人基本资料信息

4.您的性别是(　　　)。

A.男　B.女

5.您的年龄是(　　　)。

A.20 岁及以下　B.21～29 岁　C.30～39 岁

D.40～50 岁　E.50 岁及以上

6.您的学历是(　　　)。

A.高中及以下　B.大专　C.本科　D.硕士及以上

7.您的职务是(　　　)。

A.高层管理者　B.中层管理　C.基层管理　D.普通员工

知识产权服务知识

8.请根据您个人情况作答。

项目	问 项	非常不符合←→非常符合
知识产权服务知识	我了解知识产权服务(如服务类型、内容、流程等)	1 2 3 4 5
	我了解知识产权服务发挥的功能、作用	1 2 3 4 5
	我了解如何选择和使用知识产权服务	1 2 3 4 5

调查问题

知识产权公共服务:信息及利用(如:专利文献与分析、专利导航、预警及布局等);知识产权交易(如:专利许可、专利技术转让、技术中介服务等);培训服务(如:专利申报培训、知识产权管理培训等);法律服务(如:专利法务咨询、法律援助等);知识产权融资服务(如:知识产权价值/风险评估、知识产权质押融资/担保/贷款/投资等)

9.对于企业知识产权公共服务的选用、采纳事务,您通常会( )。

A. 直接参与决策

B. 不直接参与,但您的想法可以影响决策

C. 既不参与,也不影响

请回忆某次您参与的企业知识产权公共服务采纳活动,根据与某一知识产权公共服务供应方(政府、社会组织、知识产权服务中介、科研院所等)的接触经历,回答接下来的问题。

10.请根据当时的实际情况作答。

项目		问 项	非常不符合←→非常符合
情境因素	复杂性	该项服务包含的某些知识或技术只有具有较深专业知识、技能的人员才能理解	1 2 3 4 5
		该项服务涉及多个不同的知识领域	1 2 3 4 5
		该服务的掌握和使用需要专门的培训或长期积累	1 2 3 4 5

续表

项目		问　项	非常不符合◄──►非常符合
情境因素	法律与政策保障	该服务相关法律、法规建设完备、稳定	1　2　3　4　5
		该服务所涉法律领域，执法公正、有效率	1　2　3　4　5
		政府提供一定财政等优惠政策支持	1　2　3　4　5
		政府制定了与该服务相关的配套保障政策	1　2　3　4　5
	认知信任	服务供应方具有很好的声誉，比较可靠	1　2　3　4　5
		服务供应方很专业，有能力履行各项承诺	1　2　3　4　5
	情感信任	与供应方接触时，我乐于分享一些个人信息、观点和知识	1　2　3　4　5
		不与该服务供应方建立合作，我会感到失望或可惜	1　2　3　4　5
企业因素	资源就绪	企业有足够的资金用于采纳及应用该项服务	1　2　3　4　5
		企业具有进行知识产权服务选用的专门人员	1　2　3　4　5
		企业具有知识产权服务采纳及应用所需的技能、技术基础	1　2　3　4　5
	高层支持	高层愿意提供资金、人力等资源支持	1　2　3　4　5
		高层愿意承担采纳该服务的风险	1　2　3　4　5
		高层对该服务的功能和前景非常了解	1　2　3　4　5

11. 请根据当时您内心的想法和感受作答。

项目	问　项	非常不符合◄──►非常符合
感知核心经营风险	担心该服务可能造成企业信息被不正当利用	1　2　3　4　5
	担心该服务可能会使企业关键资源（信息、技术等）被窃取	1　2　3　4　5
	担心采纳该服务的机会成本高	1　2　3　4　5
	担心服务中企业的某些权益无法得到法律保护	1　2　3　4　5
	担心该服务可能无法完全实现预期的功能	1　2　3　4　5

续表

项目	问　　项	非常不符合←→非常符合				
感知伴随心理风险	担心投入时间、资金等后收效不高、性价比低	1	2	3	4	5
	采纳该服务可能会被看作一项不明智的决策	1	2	3	4	5
	支持采纳该服务使我情绪紧张、焦虑	1	2	3	4	5
	支持采纳该服务,与我一贯的形象和自我观念不符	1	2	3	4	5
	该服务占用的企业资源,投放其他项目可能会收益更高	1	2	3	4	5
	采纳该服务将迫使企业放弃一些其他机会	1	2	3	4	5
	担心该服务不是最优的选择	1	2	3	4	5
采纳意向	我倾向于支持采纳该项知识产权服务	1	2	3	4	5
	我倾向于不支持采纳该项知识产权服务	1	2	3	4	5

调查问卷 4

尊敬的女士/先生：

您好！本次调查为科研所用，采取匿名形式，您的个人信息绝不会外泄，请放心填写。非常感谢！

企业基本情况

1. 企业规模类型是（　　）。

A. 小微　　B. 中型　　C. 大型

2. 企业所处行业是（　　）。

A. 装备制造　　B. 服装纺织　　C. 汽车及零部件　　D. 食品及农产品加工

E. 建材、化工、新材料　　F. 电子信息　　G. 新能源、节能环保

H. 生物医药　　I. 生产性服务　　J. 生活性服务　　K. 其他

3. 企业性质是（　　）。

A. 国有企业　　B. 民营企业　　C. 混合所有制企业

D. 外商及港澳台独资企业　　E. 其他

个人基本资料信息

4. 您的职务是（　　）。

A. 高层管理者　　B. 中层管理者　　C. 基层管理者　　D. 普通员工

知识产权公共服务使用情况

5. 以下由政府提供的知识产权公共服务中，贵公司曾经使用过哪些？（可多选）（　　）

A. 信息查询及利用（如：专利文献与分析、专利导航、预警及布局等）；

B. 知识产权交易（如：专利许可、专利技术转让、技术中介服务等）；

C. 培训服务（如：专利申报培训、知识产权管理培训等）；

D. 法律服务(如：专利法务咨询、法律援助等)；

E. 知识产权融资服务(如：知识产权价值/风险评估、知识产权质押融资/担保/贷款/投资等)

F. 专利、商标注册等政务服务

G. 没有使用过

6. 以上未使用的服务项目,贵公司不使用的原因是(　　)。(可多选)

A. 不知道政府可以提供以上服务

B. 公司暂时不需要以上服务

C 不了解以上服务的用途,因此没考虑使用

D 出于一些考虑,选择商业购买知识产权服务

E. 其他

7. 您对当前知识产权公共服务的总体满意度是(　　)。

A. 非常不满意　　B. 比较不满意　　C. 一般满意

D 比较满意　　E. 非常满意

调查问题

请根据您的亲身感受,对以下描述知识产权公共服务语句的赞同程度进行选择。(请在相应分值上打√)

	问　项		非常不赞同	比较不赞同	中性	比较赞同	非常赞同
感知服务质量	有形性	提供服务的各类网站、系统建设运行良好	1	2	3	4	5
		服务大厅硬件设施好,服务人员的着装形象良好	1	2	3	4	5
		办事制度、规章流程清晰明确	1	2	3	4	5
	可靠性	能够一贯地提供良好服务	1	2	3	4	5
		能提供准确可靠的服务	1	2	3	4	5
		能按时履行服务承诺	1	2	3	4	5
	便利性	网上审批、网上办事方便	1	2	3	4	5
		材料准备简单,手续便捷	1	2	3	4	5
		行政审批时间短	1	2	3	4	5

续表

	问　　项		非常不赞同	比较不赞同	中性	比较赞同	非常赞同
感知服务质量	及时性	向政府部门申请所需服务不需要花费很长时间	1	2	3	4	5
		若有需要,企业可以得到及时的帮助	1	2	3	4	5
		服务机构/人员随时愿意为企业提供帮助	1	2	3	4	5
	移情性	符合一般企业的基本需求	1	2	3	4	5
		能满足企业的个性化需求	1	2	3	4	5
		能为企业着想,服务人性化	1	2	3	4	5
	专业性	服务具备较高的技术和知识产权相关知识含量,有针对性	1	2	3	4	5
		服务人员具有知识产权相关技能和职业素养	1	2	3	4	5
		服务实施规范科学,专业性强	1	2	3	4	5
	公平性	在同等条件下,政策覆盖不存在倾斜和差异,可以公平享受	1	2	3	4	5
		关系、人情等因素不会影响服务获取和服务质量	1	2	3	4	5
		在同等条件下,资源分配不存在倾斜和差异,可以公平享受	1	2	3	4	5
	透明性	服务收费项目明确	1	2	3	4	5
		可以很方便地进行各类建议反馈和投诉	1	2	3	4	5
		各类审查、审批结果透明公开	1	2	3	4	5
		办事程序公开	1	2	3	4	5
感知服务价值	给定质量	按照当前服务,企业缴纳的税费与所享受的服务对等	1	2	3	4	5
	给定价格	按照缴纳的税费,企业所享受的服务比未缴税时好	1	2	3	4	5
服务满意度	期望质量相比	现有知识产权公共服务基本符合和满足我的期望	1	2	3	4	5
	预期质量相比	现有知识产权公共服务达到了我理想中的完美状态	1	2	3	4	5

后 记

本书是我在博士学位论文的基础上修改和完善而成的。完稿之际，回顾来路，挑灯备考的深夜、论文攻坚的春夏秋冬、论文被录用时的喜悦，一幕幕涌上心头。六年的博士求学生涯里，我是学生，是师长，也是母亲，是妻子，经生活磨炼，受纷杂困扰，幸得良师益友相伴、亲人朋友爱护，才能始终如一，坚守初心。

感谢恩师宋伟教授。宋老师是一位博学、严谨、务实、风趣、儒雅的学者，无论是在学术层面还是在精神层面，都给了我诸多指导。由于异地求学，我总是格外珍惜与老师见面的机会。与老师交流的时光总是令人愉悦，宋老师会关心我的学术进展、事业规划，也会向我推荐几本好书，内容自由，不拘题材，却每每让我收获不浅。记得有一次老师跟我谈起他正在指导的项目，硕大的皮箱装满各种正在试验的材料和产品，从研发理念、成分作用，再到市场定位、营销推广，老师信手拈来，如数家珍。那种饱满的兴趣、热情、好奇心，让人备受鼓舞、钦佩不已。同时，还要感谢宋老师的包容、体谅，让我可以在求学过程中得以兼顾工作和家庭。

在科大，除了宋伟老师，汤书昆老师、夏学文老师、徐飞老师也都悉心教导过我，他们用深厚的学术积淀帮我打开了公共管理研究的大门。感谢李宪奇教授，他以谦虚、博学的人格魅力，向我展示了一位学者的风范。感谢我的硕士生导师叶泽川教授，虽然毕业数年，他仍一直关心我的生活、学业，给予我无私的帮助与支持。

感谢我的博士生同学熊立勇、郑久良、朱赟，如果没有你们的无私分享、督促鼓励，我很难顺利地完成学业。感谢我的朋友张绚、郑璐、张文静，是你们的陪伴，让我学习之余的生活充满阳光与欢乐。

感谢我的领导和同事，沈时仁院长、胡坚达院长、周雅静院长、王明霞教授、李满志老师、朱金福教授、王宏林老师，是你们的理解、分担，为我创造了边工作边深造的条件。感谢我的另一位恩师——城市学院校长史习明教授，在我籍籍无名、低落迷惘之时，是您的肯定一直指引着我。"亲其师、信其道"，您永远是我深深敬重的老师和永远追随的偶像。

家人是我最大的动力源泉。母亲半生坎坷，但不屈于命运，拼搏奋斗，身体力行教导我成为一名自尊、自强的独立女性。姥爷、姥姥也是我最亲的人，姥爷去世前，还挂念着我的学业。两位优秀的姐姐李姗姗、李英杰，从小到大，你们都是我学习、追赶的榜样，激励我向前，不敢懈怠。感谢公婆，待我如女，对我爱护宽容，不辞辛劳地照顾我和孩子的生活，让我可以安心学习、工作。我可爱的图图，是你让妈妈对生命、对爱有了更深刻的体会，很遗憾错过了很多你成长的瞬间，但我保证，一定会努力成为你的骄傲。感谢我的丈夫吕俊，我们因求学结缘，因相爱牵手，十二载的岁月里，你不只是我的爱人，还是我的同窗学伴、志同好友，是我人生中最坚定的相守。最后，感谢我自己，即使再艰难，也未曾有一刻想要放弃。感谢被错过的春天，来年你还会再来！

2020 年博士毕业后，我加入浙江树人学院这个温暖的大家庭。感谢学校、学院领导以及同事对我教学、科研工作的支持和帮助。感谢浙江树人学院公共管理学科、浙江省社科规划应用对策类部门合作专项课题（HCZX-23747）、浙江树人学院引进人才科研启动项目、浙江省"十三五"优势专业及浙江省一流本科专业（浙江树人学院市场营销专业）等对本书出版的资助。同时，本书系浙江树人学院学术专著系列，是浙江树人学院学校科研计划项目"面向中小企业的知识产权公共服务研究（2021R026）"的研究成果之一。

由于本人学术水平有限，书中难免存在诸多不足，在后续研究中，我将努力改进。再次感谢所有引领、启发、关心和帮助过我的每一个人！

李燕燕

2024 年 3 月于杭州